RECUEÏL
HISTORIQUE

DE LA VIE
ET DES OUVRAGES
DES
PLUS CÉLEBRES ARCHITECTES.

A PARIS,

Chez la Veuve de SEBASTIEN MABRE-CRAMOISY,
Imprimeur du Roy, ruë Saint Jacques, aux Cicognes.

M. DC. LXXXVII.

AVEC PRIVILEGE DE SA MAJESTE.

A MONSEIGNEUR
LE MARQUIS
DE LOUVOIS
MINISTRE
ET SECRETAIRE D'ESTAT,

Commandeur & Chancelier des Ordres du
Roy, Surintendant & Ordonnateur Gé-
néral des Baſtimens de Sa Majeſté, Arts
& Manufactures de France.

MONSEIGNEUR,

*Lors qu'on voit dans l'Hiſtoire le nombre de
baſtimens que tant de Princes ont fait faire,*

& les travaux qu'ils ont entrepris pour perpétuer leur mémoire, l'on est surpris par la quantité qu'on en trouve, & par les idées de grandeur qu'on s'en forme. Mais si les Egiptiens,
les Grecs & les Romains ont fait des ouvrages dignes d'admiration, combien y ont-ils
employé d'années ? On peut dire que c'estoient
les ouvrages du temps aussi-bien que les ouvrages des hommes. Les Piramides d'Egipte
ont esté le travail de plusieurs siécles. Le Temple d'Ephese a esté plus de deux cens ans à
bastir ; & depuis l'établissement de l'Empire
Romain jusques à sa décadence, tous ceux
qui l'ont gouverné ont eû part à la grandeur
de ses Edifices, & à leurs embelissemens.

Si les Peuples & les Souverains ont a-
quis tant de réputation pour avoir contribué
aux bastimens qui ont esté elevez, durant tant
de siécles, quelle doit estre la gloire du Roy
pour les grands ouvrages dont Sa Majesté à
rempli la France depuis le commencement de
son Regne ? Combien de Ports & de Havres
n'a-t-Elle point fait construire, pour établir & faciliter le commerce avec ses Voisins ?
La communication des Mers, les Riviéres
rendües navigables, les Ponts & les Chemins
faits ou réparez, les Palais des Rois ses pré-

deceffeurs augmentez, ou embelis, en font d'illuftres témoignages. Si l'on confidere ce vafte
& magnifique Palais de Verfailles, fa grandeur, fes ornemens, & toutes les chofes qui
s'y trouvent ; les travaux prefque infurmon-
tables qu'il a fallu faire pour couper des mon-
tagnes & combler des valées ; pour forcer les
eaux à quiter leur lit, les élever à des hau-
teurs immenfes & les conduire dans un lieu
que la nature avoit rendu fec & aride. Si
outre cela on jette les yeux fur la beauté de
l'Architecture, fur ce nombre prefque infini
de Statuës, fur les merveilleux ouvrages de
peinture, fur tant de meubles rares & précieux dont ce Palais eft rempli, enfin fur toutes les merveilles qui rendent le féjour de Verfailles fi délicieux & fi admirable : quelle idée
ne pourra-t-on point avoir de la puiffance
d'un Monarque qui en peu de temps a fait
de fi grandes chofes ?

Ces dépenfes que Sa Majefté a faites
pour la gloire de fon Eftat autant que pour
fa propre fatisfaction, ont efté en mefme
temps accompagnées de plufieurs autres pour
le foulagement de fes Sujets : les Hofpitaux
baftis en divers endroits du Royaume pour
fecourir les pauvres ; cét Hoftel fi grand &

ã üj

EPITRE.

si magnifique élevé aux portes de Paris pour les soldats invalides. Et si l'on veut encore entrer dans un détail de ce que Sa Majesté a fait pour se rendre redoutable sur terre & sur mer, combien de Villes a-t-Elle fortifiées? combien de nouvelles Places & de Citadelles a-t-Elle fait construire? Les deux mers couvertes aujourd'huy de ses Vaisseaux & de ses Galeres; des Magazins enfin & des Arcenaux d'une grandeur prodigieuse, & munis de toutes choses, font la terreur & l'admiration de toute l'Europe.

C'est, MONSEIGNEUR, ce qui m'a donné la pensée de ramasser dans le livre que j'ay l'honneur de présenter à Vostre Grandeur les bastimens les plus remarquables qui ont esté faits depuis le commencement du monde jusques dans ces derniers temps; afin qu'après avoir admiré les grandes choses qui ont esté entreprises dans les siécles passez, la posterité ait lieu d'estre encore dans un plus grand étonnement, quand elle apprendra celles que Sa Majesté a faites durant son Regne.

Je sçay bien que quelque éclat que ce Regne glorieux puisse recevoir par la quantité & par l'excellence des ouvrages qui marquent sa grandeur & sa magnificence, ce n'est pas

néanmoins ce qui le rendra le plus mémo-
rable aux siécles à venir. Tant de victoires
signalées, & tant d'actions héroïques dont
l'histoire du Roy sera remplie, étonneront bien
plus la posterité. Quelle plus grande idée
poura-t-elle se former que celle d'un Prince
doüé de toutes les graces du corps & de l'esprit, d'un courage que rien ne peut arrester,
d'une vigilance infatigable, & ce qui est de
plus rare, d'une bonté qui charme tous ceux
qui ont l'honneur de l'approcher? Il est encore
plus aimé de ses Sujets qu'il n'est craint de
ses ennemis. Ces grandes qualitez qui éclatent
en luy, ont attiré du fonds de l'Orient les
peuples les plus éloignez, pour voir les merveilles qu'ils ne pouvoient concevoir; & ils
ont avoüé que la vérité est bien audessus de
la renommée. On les a veûs s'éloigner avec
regret de sa Cour, ne trouvant de consola-
tion que dans l'espérance du plaisir qu'ils auront de raconter ce qu'ils ont veû.

Quand ils auront fait une fidelle image du
Prince dont le nom retentit jusques aux ex-
trémitez du monde, qu'ils auront confirmé
ce qu'ils avoient entendu publier des ces grandes actions: ils parleront de ces riches Edifices qu'ils ont regardez avec admiration, &

qui seront dans les siécles à venir comme les témoins de ce qui aura esté fait de grand pendant le Regne de Sa Majesté. Ce sera dans les temps éloignez de nous, que l'on y entendra encore retentir son nom auguste, & qu'en les considérant on aura de la vénération pour la demeure d'un Roi, que le Ciel n'a donné à la France que pour la combler de gloire & de bonheur ; mais qu'on sçaura n'avoir fait tant de grandes choses par sa magnificence & par sa valeur, que pour obliger ses voisins à recevoir une paix que sa piété vouloit employer à soustenir la Religion, à détruire l'hérésie, & à dompter dans son Royaume ce monstre qui s'y estoit nourri & élevé pendant prés de deux siecles. Des desseins si grands, si justes, & si saints, sont les effets d'une vertu véritablement chrestienne, & d'une ame où Dieu n'a répandu ses graces, que pour en faire l'unique modelle de tous les Rois.

Mais, MONSEIGNEUR, qui est-ce qui connoist mieux que Vostre Grandeur toutes les rares qualitez d'un Prince auprés duquel vous estes sans cesse attaché par les grands emplois dont il vous honore, & par le zele ardent que vous avez à le servir ? C'est dans le secret des affaires les plus importantes de

l'Estat,

l'Eſtat, que vous voyez, la ſublimité de ſes
penſées & la juſtice de ſes intentions.

Ce n'eſt pas à moy, MONSEIGNEUR,
à parler ni de la reconnoiſſance que vous
avez de toutes ſes bontez, ni des ſervices
qui vous les font mériter: je prendray ſeulement la liberté, en vous préſentant ce premier
eſſay de mon travail, de vous demander l'honneur de voſtre protection, afin que ſi j'acheve
un jour l'ouvrage que j'ay entrepris, je puiſſe
avoir l'avantage de parler de tant de grands
travaux où vous aurez le plus de part, &
vous donner des marques du profond reſpect
avec lequel je ſuis,

MONSEIGNEUR,

Voſtre tres - humble &
tres - obéïſſant ſerviteur
J. F. FELIBIEN DES AVAUX.

ẽ

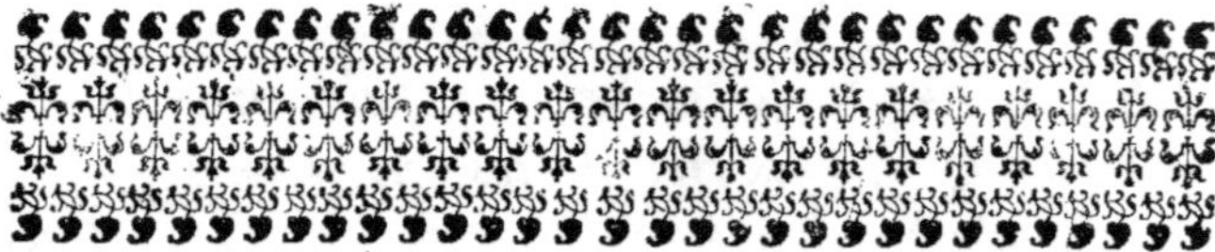

PRÉFACE.

LOrs que j'ay commencé ce Recuëïl de la Vie & des Oüvrages des Architectes, je croyois ne faire qu'un petit volume : mais en travaillant j'ay trouvé tant de faits dignes d'eſtre remarquez , que je me ſuis étendu beaucoup plus que je ne m'eſtois propoſé.

Je n'ay point obſervé d'autre ordre que celuy de la Chronologie, que je ne garde pas meſme avec toute l'éxactitude qui ſeroit à ſouhaiter, parce qu'il eſt ſouvent malaiſé de ſçavoir au vrai quand les choſes ſe ſont paſ-ſées, & qu'en parlant de certains lieux en particulier, on ſe trouve engagé à rapporter ce qui s'eſt fait en diférens temps.

Comme j'ay cru devoir diviſer cét Ou - vrage en pluſieurs Livres, j'ay taſché de les commencer tous par des époques connuës, & de les terminer à la fin de quelque ſiécle. Ainſi, des quatre Livres que je donne à pré-ſent, le premier commence dés les premiers ſiécles du monde : le ſecond, vers la premié-re année de l'aire chrétienne : le troiſiéme, avec le cinquiéme siécle, dans le temps de la décadence de l'Empire Romain sous Honorius : & le quatriéme, avec l'onziéme siécle, c'eſt-à-dire, peu d'années aprés la mort du Roy Hugues Capet, de qui la troiſiéme race des Rois de France eſt iſſuë.

Cette diviſion a meſme quelque rapport aux changemens arrivez dans l'art de baſtir, ſçavoir à ſa plus ancienne origine ; à l'eſtat floriſſant où la bonne Architecture a commencé d'eſtre à Rome ſous l'Empereur Auguſte ; à l'établiſſement de l'Architecture Gotique ſous l'Empire d'Honorius ; & à l'eſtat où cette meſme maniere de baſtir s'eſt trouvée en France du temps du Roy Robert fils de Hugues Capet.

Je marque d'abord l'antiquité de l'art dont je parle, par des paſſages tirez des meilleurs Hiſtoriens, ſans entrer dans une diſcuſſion trop particuliere de ſon origine, ni m'engager à nommer Ceux que tant de peuples qui ont prétendu à la gloire de cette invention, eſtiment en avoir eſté les auteurs : Car ce que chacun a rapporté ſur ce ſujet eſt obſcurci par un ſi grand nombre de fables, que ce qu'on peut penſer de certain, eſt qu'on a commencé à conſtruire des édifices

long-temps avant le deluge, & que les Princes & les Rois par cette grandeur d'ame &
cette élévation d'esprit qui les rend capables
de commander aux autres hommes, ont esté
les principaux auteurs des premiers desseins
des grands bastimens ; c'est ce que j'ay tas-
ché de marquer, mais en peu de mots, pour
m'attacher uniquement à parler des personnes à qui l'on a donné le nom d'Architectes.
Parmi ces Architectes l'on en trouvera qui
n'ont possedé que la théorie de l'Architecture, & qui se sont contentez d'écrire plusieurs
choses qui regardent cét art ; d'autres qui ne
se sont appliquez qu'à la pratique ; & d'autres enfin qui ont joint la théorie à la pratique , comme il paroist par les écrits qu'ils
ont laissez, & par quantité de bastimens qu'ils
ont faits. Je ne m'étends pas beaucoup sur
la vie des plus anciens de ces Architectes,
ni sur leurs ouvrages, parce que je n'ay pas
trouvé tout ce qu'on en dit assez certain pour
en parler sans entrer dans de longues dis-
cussions que j'ay cru devoir éviter, & aussi
parce que la pluspart de ces choses ont esté
dites tant de fois, qu'on ne pourroit que devenir ennuyeux en les répetant.

Aprés avoir fait connoistre ce qui regar-

de les Architectes Grecs, je paſſe à ceux qui
ont paru les premiers parmi les Romains,
entre leſquels on en trouvera dont la mémoire n'a eſté conſervée que par des Inſcriptions
& autres monumens antiques. Je rapporte
auſſi dans le deuxiéme Livre quelque choſe
des édifices faits en Judée, en Grece, & en divers autres lieux tributaires de l'Empire Romain ; & à la fin de ce meſme Livre, il eſt
parlé de la décadence de l'Architecture antique, qui a comme ſuivi la décadence de
l'Empire Romain.

L'on trouvera moins d'Architectes dans
le troiſiéme Livre que dans le précédent, &
on ne doit pas en eſtre ſurpris, puiſqu'il ne
contient que des ſiécles ſi pleins d'ignorance & de barbarie, qu'ils ſembloient deſtinez
à la deſtruction générale des ſciences & des
beaux arts.

Enfin, le quatriéme Livre eſt preſque tout
employé à décrire ce qu'on a pu apprendre
de particulier touchant les Architectes qui
ont paru en Italie & en France depuis le
commencement de l'onziéme ſiécle juſqu'à
la fin du quatorziéme, & qui ont baſti la pluſpart des anciennes Egliſes, & d'autres édifices qu'on nomme Gotiques ou Modernes.

J'ay cru devoir dire quelque chofe des différentes manieres de baftir, felon l'occafion qui s'eft préfentée, fçavoir de la maniére antique qui eftoit en ufage parmi les anciens Grecs & Romains, & de la maniére Gotique, qu'on prétend avoir efté introduite par les Gots. Les Sarazins ont auffi eû un gouft particulier qu'on peut apeller Arabefque, parce qu'en effet les Arabes femblent en avoir efté les principaux auteurs.

L'Architecture antique n'eft autre que celle dont Vitruve & fes Interprétes ont parlé. A l'égard des baftimens Gotiques, il n'y a point d'auteurs qui en ayent donné des regles : mais on remarque deux fortes de baftimens Gotiques, fçavoir d'anciens & de modernes. Les plus anciens n'ont rien de recommandable que leur folidité & leur grandeur. Pour les modernes, ils font d'un gouft fi oppofé à celuy des anciens Gotiques, qu'on peut dire que ceux qui les ont faits, ont paffé dans un auffi grand excés de délicateffe, que les autres avoient fait dans une extréme péfanteur & groffiereté, particuliérement en ce qui regarde les ornemens. Il n'eft pas difficile de trouver en France &

en divers autres païs des éxemples de ces deux fortes d'architecture.

La maniére de baftir des Sarazins ou Arabes, non feulement ne fe trouve enfeignée par aucun auteur qui en ait prefcrit des regles, mais on ne voit pas mefme en France des édifices qui puffent fervir d'éxemple, & donner moyen en les éxaminant, de juger avec certitude en quoy ils pouvoient eftre diférens des autres. On peut en apprendre quelque chofe des perfonnes qui ont veû les baftimens que les Mores ou Arabes ont laiffez en Affrique & en Efpagne, où font les reftes de plufieurs Mofquées, Chafteaux, & Palais, tels que de l'Alhambre, de l'Alchazar, & de divers autres édifices qu'on voit à Grenade, à Séville, à Tolede & ailleurs.

Outre les quatre diférentes manieres de baftir dont l'on vient de parler, on pouroit encore en obferver une autre, fçavoir celle des derniers Grecs, qui n'eftoit proprement qu'un mélange du gouft antique & du gouft arabefque, comme il eft aifé de juger par l'Eglife de Saint Marc de Venife, & d'autres édifices d'Italie, où les colonnes & les autres membres d'architecture approchent davantage des proportions antiques.

Au reste, si j'ay parlé de quelques bastimens qui ne sont pas des plus célebres ni
des plus excellens, c'est qu'il m'a semblé
que plusieurs personnes seroient bien-aises
de sçavoir en quels temps & par quelles oc-
casions ces ouvrages ont esté faits ; & que
les Livres tels que celuy que je prétends
mettre au jour, sont souvent leûs avec des
veûës diférentes. Cependant, comme je ne
donne à présent qu'une partie de ce que je
me suis proposé d'écrire sur cette matiere ,
je pourray dans ce qui me reste, y augmenter ou retrancher, selon que je sçauray le ju-
gement qu'on aura fait de ces quatre premiers Livres.

RECUEIL

RECUEIL
HISTORIQUE
DE LA VIE
ET DES OUVRAGES
DES PLUS CELEBRES
ARCHITECTES.

LIVRE PREMIER.

L'ART de baftir eft un des premiers arts que les hommes ayent mis en pratique. L'Ecriture Sainte nous apprend que Caïn baftit une ville, qu'il appella Henoch du nom de fon fils. Noé fit

Gen. c. 4.
v. 17.

Vers l'an 560.
de la création
du Monde.

A

Gen. c. 6. 7.
a L'an du Mon-
de 1656. 2329.
ans avant
J. C.
b Vers l'an du
monde 1800.
Joseph. hist.
Jud. l. 1. c. 4.
Gen. c. 11.
c Vers l'an du
Monde 1950.
d Vers l'an du
Monde 2000.

l'Arche où il se retira pendant le Deluge[a]. Ensuite Nembroth, que les Historiens Ecclesiastiques estiment estre le mesme que Belus, éleva la Tour de Babel[b]. Ninus, fils de ce Belus, fit construire la ville de Ninive[c]; & bientost aprés, Semiramis celle de Babylone[d]. Ce fut environ ce temps-là que l'on vit paroistre en Egypte les fameuses villes de Thebes & de Memphis, & que les plus anciennes villes de la Grece, & de divers autres païs, commencerent à estre fondées.

On ne sçait point qui furent les Architectes de tant d'édifices qu'on fit alors, si ce n'est qu'on voulust dire que les Princes & les Rois estoient eux-mesmes les conducteurs de ces grands desseins, comme ils semblent en avoir esté les inventeurs. Et cette pensée ne s'éloigne peut-estre pas trop de la vérité; du moins à l'égard d'une partie de ceux que j'ay nommez: puis qu'il est déja constant, selon le sens de l'Ecriture, que Caïn & Noé prirent soin eux-mesmes des ouvrages qu'ils firent faire.

Diodor. Sicul.
l. 2. c. 4.

Quelques Historiens asseurent que Semiramis non seulement dressa le plan de Babylone, mais qu'elle se réserva la conduite générale des travaux qu'elle fit éxécuter, chargeant les principaux Seigneurs de sa Cour d'en avoir soin, & de veiller sur les ouvriers.

L'on pourroit nommer plusieurs autres grands Princes qui n'ont pas eû moins de passion que cette Princesse pour l'Architecture : mais n'ayant dessein de parler que des personnes qui ont fait une entiere profession de cét art, il n'est pas à propos de s'éloigner de nostre principal sujet.

Je diray donc que les plus anciens qui ont fait une profession particuliere de bastir, & dont les noms nous sont connus, ont esté BESELEEL fils d'Uri & de Marie sœur de Moïse, & petit-fils de Hur de la Tribu de Juda, & OOLIAB, autrement Eliab, fils d'Achisamech, ou Isamach, de la Tribu de Dan. Il est vray qu'on ne sçait rien de leurs ouvrages, sinon que ce furent eux qui dresserent le Tabernacle que Moïse fit faire dans le desert : mais l'Ecriture marque si expressément les grandes connoissances qu'ils avoient receûës de Dieu, qu'ils doivent estre considérez comme les deux plus excellens ouvriers qui eussent encore paru ; car ils firent tous les ornemens de bronze, d'argent, d'or & de pierres précieuses, dont le Tabernacle estoit enrichi.

Exod. c. 31. 35. 36. &c. Joseph. hist. Jud. l. 3. c. 5. 6. 7. 8. & 9.

BESELEEL. Phil. Jud. l. 1. Sacr. leg. Allegor. Et lib. de Plantat. Noë. OOLIAB.

L'an du Monde 2455. 2. années aprés la sortie d'Egypte.

En sept mois de temps selon Joseph.

A ij

TROPHONIUS & AGAMEDES ont
vécu depuis, & sont les premiers des Architectes Grecs dont il est fait mention. Quelques-uns ont feint que Trophonius estoit fils
d'Apollon : mais ceux qui ont recherché avec
plus de soin la vérité de son histoire, disent
qu'Agamedes & luy estoient fils d'Erginus
Roy de Thebes. Il est certain du moins qu'ils
passerent toute leur vie dans une amitié tres-
étroite, & qu'ils aquirent beaucoup de réputation par leurs ouvrages.

Entre ceux qu'ils firent ensemble en divers lieux, on estimoit un temple consacré
à Neptune proche de Mantinée, mais particulierement le fameux temple d'Apollon

*Tusc. Quæst.
l. 1.*

qui estoit à Delphes. Ciceron rapporte qu'a-
prés qu'ils l'eûrent achevé ils prierent Apollon de leur accorder pour récompense de leur
travail ce qu'il jugeoit de plus utile à l'homme, & que trois jours aprés on les trouva
morts. Ce qui ne s'accorde pas à ce que Pau-

*In Arcad.
Bæot. & Phoc.
seu l. 8. 9. &
10.
* Ville de Beo-
sie, appellée
maintenant
Levadia.*

sanias en écrit. Il dit qu'aprés avoir fini le
temple de Delphes, ils travaillerent encore
à divers bastimens, & qu'entre autres ils en
firent un à Lebadia *, où Hyrieus mit son
tresor, qui fut, à ce qu'il prétend, la véritable
cause de la mort de ces Architectes. Car sça-

chant à quoy ce lieu eſtoit deſtiné, ils ajuſte-
rent certaines pierres du mur de telle ſorte
qu'ils pouvoient les lever avec beaucoup
de facilité, & par ce moyen entroient dedans & ſortoient ſans qu'on puſt s'en appercevoir. Hyrieus voyant tous les jours diminuer ſon argent, s'aviſa d'y tendre des pie-
ges. Throphonius & Agamedes ne ſe doutant
de rien, allerent au treſor à leur ordinaire;
& comme Agamedes voulut mettre la main
dans un des vaſes où eſtoit l'argent, il ſe ſen-
tit retenu. Trophonius fit ce qu'il put pour
le dégager : mais enfin déſeſperant d'en venir
à bout, il ſe vit réduit dans la néceſſité de luy
couper la teſte, pour luy ſauver la honte du
ſupplice, & pour ſe tirer luy-meſme du danger où il eſtoit d'eſtre découvert. Il n'eut pas
pluſtoſt commis cette action que la terre s'ou-
vrit ſous ſes pieds, & l'engloutit tout vivant.
Il ſe forma à l'endroit où il perit de la ſorte
une Caverne fort profonde, dans laquelle depuis on alloit conſulter un Oracle qui s'y fit
entendre & qu'on croyoit eſtre rendu par
Trophonius : ce qui fut cauſe que non ſeu- Lucian. Dialog. de Ne-
gromant.& de
Trophon.
lement on donna ſon nom à cét Oracle & à
cette Caverne, mais auſſi qu'on luy éleva des
ſtatuës, des autels, & des temples ; qu'on

luy fit des facrifices, & qu'on alla mefme jufqu'à célebrer en fon nom des jeux qu'on appelloit Jeux Trophoniens. Ceux qui ont voyagé en Grece ont veû des infcriptions antiques où il eft fait mention de ces Jeux Trophoniens. Le mefme Paufanias dit que de fon temps il y avoit encore proche de Thebes, dans les ruines d'une maifon d'Amphitrion, un lit fort bien travaillé, où eftoit une infcription dont voicy le fens : *Amphitrion & Alcmene eftant mariez, coucherent enfemble dans ce lit, qu' Anchafius, Trophonius, & Agamedes avoient fait avec beaucoup de foin.*

Il n'eft point parlé ailleurs de cét ANCHASIUS : mais on peut juger de fon mérite par cette infcription, où fon nom fe trouve joint avec ceux de deux perfonnages fi célebres.

DEDALE vivoit un peu avant le dernier fiege de Troye. Son nom eft fi fameux dans la Fable & dans l'Hiftoire, qu'il paroift avoir toûjours efté confidéré non feulement comme un des plus excellens ouvriers, mais comme un des plus grands perfonnages qui foient fortis de la Grece. Les Hiftoriens conviennent qu'il eftoit d'Athenes, & la plufpart ajouſtent qu'il eſtoit iſſu du ſang des Rois : mais leurs ſentimens ſont fort différens touchant le nom de ſon pere & de ſa mere. Plutarque dit qu'il eſtoit couſin germain de Theſée. *Vit. Theſ.*

Quant à ſes ouvrages, ceux qu'il fit à Memphis eſtoient des plus conſidérables. Les habitans en furent ſi ſatisfaits, qu'ils luy permirent de s'ériger une ſtatuë dans le Temple de leur Dieu Vulcain, & meſme qu'enſuite ils éleverent des autels à ſa memoire, & luy rendirent des honneurs divins. *Diod. Sicul. l. 2. c. 12.*

Le Labyrinte qu'il baſtit dans l'Iſle de Crete, & où les Poëtes ont feint qu'eſtoit enfermé le Minotaure, fuſt eſtimé comme l'un des plus beaux édifices & des plus ingénieux qu'il euſt faits. Il en avoit pris le deſſein ſur un ſemblable qu'il avoit veû en Egypte, dont il eſt à propos de dire icy quelque choſe pour donner une idée de cette ſorte de baſtiment, & auſſi pour marquer la connoiſſance que les Egyptiens ont euë autrefois de l'Architecture. *Dans le lac de Mœris. Diod. Sicul. l. 1. c. 12. Plin. l. 36. c. 13.*

On ne ſçait point au vray dans quel temps ni a quel ſujet cét édifice fut baſti. Quelques-uns croyent que ce fut le Roy Peteſucus, ou Tithoës qui le fit conſtruire plus de

deux mille ans avant la prife de Troye. Herodote eftime que tous les Rois d'Egypte eurent part à ce grand ouvrage, & qu'il ne fut
achevé que depuis le regne de Pfammetichus.
Quelques-uns difent encore qu'un autre
Roy nommé Motherus le fit faire pour luy
fervir de palais. D'autres, que Mœris ou Mi-
ris, furnommé Maro, le fit conftruire pour
fa fepulture. Cependant Pline croit que cét
édifice fut conftruit à l'honneur du Soleil.
Quoy qu'il en foit, il eft certain qu'on doit
le confidérer comme l'un des plus grands ouvrages que les Rois d'Egypte ayent faits, puis
qu'il furpaffoit mefme ce que l'on dit de la
fepulture de Simandius ; car au rapport de
divers Ecrivains il ne s'eft jamais rien fait
parmi les autres nations qui ait approché de
la grandeur de ces baftimens.

Voicy ce que Pline rapporte du Labyrinte. Je ne puis, dit-il, m'empefcher d'admi-
rer la groffeur prodigieufe des colonnes du
Labyrinte d'Egypte, que ni la rigueur des
temps, ni la malice de ceux d'Heracleopolis
qui l'ont gafté en divers endroits, n'ont encore pû ruiner. On ne fçait auffi de quelle
maniere exprimer la difpofition de ce merveilleux ouvrage, ni la diftribution des parties

L. 2. Euterp.

Strab. l. 17.

L. 36. c. 13.

ties qui le compofent. Il eſt diviſé en ſeize
principales régions, ou quartiers, qui ont
chacun leurs noms particuliers, & qui con-
tiennent diverſes demeures tres-ſpacieuſes.
Outre cela, il y a autant de Temples que
les Egyptiens ont de Dieux, avec pluſieurs
autres édifices ſacrez, & quantité de pyra-
mides fort élevées.

Enfin, aprés avoir paſſé des lieux ſi vaſtes
qu'on ne les peut parcourir ſans ſe fatiguer,
l'on arrive à l'endroit dont Dédale a imité
les différens détours dans le labyrinte de
l'Iſle de Crete. On y entre par des veſtibu-
les & des manieres de ſalons qui conduiſent
auſſi à des portiques où l'on monte par qua-
tre-vingts-dix marches; les dedans ſont ornez de colonnes de porphire, & de ſtatuës
d'une grandeur demeſurée, repréſentant les
Dieux & les Rois d'Egypte.

Or cét endroit que Dédale a voulu imiter, & qui eſtoit la ſeule choſe que l'on viſt
dans ſon labyrinte, n'occupoit que la cen-
tiéme partie de ce célebre monument des
Egyptiens dont on parle. Le Roy Nectabis
y fit faire quelque réparation conſidérable
par un nommé CIRCAMMON, qui avoit CIRCAMMON.
une grande connoiſſance de l'architecture.

B

Il ne faut pas s'imaginer, ajouſte Pline, que ce labyrinte fuſt ſemblable à ceux qu'on fait pour divertir les enfans à la campagne, ou que l'on voit ſur des planchers figurez par des compartimens qui marquent une route dont la longueur ſe prolonge de telle ſorte par ſes tours & retours, que dans un eſpace aſſez étroit l'on fait en la ſuivant autant de pas qu'un mille d'Italie en peut contenir.

Le labyrinte dont on parle eſtoit un lieu fort ſpacieux, environné de murailles, & diſtribué en quantité de piéces ſéparées qui avoient de tous coſtez des ouvertures & des portes, dont le nombre & la confuſion empeſchoient d'en connoiſtre la véritable iſſuë : ainſi ceux qui s'y engagéoient s'égaroient aiſément, & ne pouvoient jamais en ſortir ſans le ſecours d'un fil, ou d'une corde, dont on attachoit un bout à la premiere porte par où l'on entroit.

C'eſtoit auſſi de cette maniére que Dédale avoit conſtruit ſon labyrinte. Outre ce baſtiment & ceux qu'on a déja rapportez de luy, il en fit pluſieurs autres, tant en Egypte & aux environs d'Athenes, qu'en l'Iſle de Crete, & en quelques endroits de l'Italie, ſur tout en Sicile, où il demeura une partie de fa vie auprés des filles du Roy Cocalus.

Cét Architecte paſſoit auſſi pour un ex-cellent Sculpteur, & on luy attribuë l'inven-tion de diverſes choſes concernant l'art de Charpenterie, & celuy de faire des vaiſſeaux.

Il eût un fils nommé ICARE, aſſez con-nu par ſa fin malheureuſe, que la fable a ren-duë ſi celebre. Quelques Hiſtoriens ont crû, auſſi-bien que les Poëtes, que cét Icare a eſté ſubmergé dans la mer qu'on nommoit Icarie de ſon nom : mais ils ajouſtent que ce fut ſur un vaiſſeau qu'il laiſſa perir faute de le ſçavoir bien gouverner, & que les aiſles dont les Poëtes ont feint que ſon pere & luy ſe ſervi-rent pour s'enfuir de l'Iſle de Crete, mar-quent ſeulement que dans cette occaſion pe-rilleuſe où il eſtoit queſtion d'échaper à la colere du Roy Minos qui les pourſuivoit, Dé-dale inventa l'uſage des voiles, & par ce nou-veau ſecours devança de beaucoup les vaiſ-ſeaux de Minos qui n'alloient qu'à force de rames.

Entre les éleves de Dédale, il ne s'en trouve point qui ayent inventé des choſes auſſi uti-les pour les arts & les ſciences que le fils de ſa ſœur, que Pauſanias nomme CALUS, quel-ques autres ACCALUS, TALUS, ou AT-

ICARE.

Pauſ. l. 9. Bœot.

CALUS, ACCALUS, TALUS, ou ATTALUS.

TALUS. Car on dit que ce jeune éleve inventa la scie & le compas, dont Dédale conceut une telle jalousie, qu'il le tua ; & ce fut
pour ce sujet qu'il sortit d'Athenes, où il
avoit commis cette action, & qu'il s'enfuit
dans l'Isle de Crete, d'où il fut encore obligé de se retirer de la maniere que j'ay dit
pour passer en Sicile.

Comme ce fut presque incontinent aprés la
mort de Dédale qu'arriva la prise de la ville de
Troye, je puis nommer en cét endroit les Architectes Tenichus & Epeus. TENICHUS
fit un navire de pierre qu'Agamemnon consacra à Diane dans le temps qu'il se disposoit à luy sacrifier sa fille Iphigenie. Procope
dit que ce vaisseau se voyoit encore de son
temps à Gereste dans l'Eubée, & qu'on y lisoit quelques lignes d'une Inscription qui
confirmoit ce qu'on en apprenoit dans le
pais, & qui marquoit que c'estoit Tenichus
qui l'avoit fait. Pour EPEUS, que les Grecs
menerent au siege de Troye, plusieurs Poëtes
& Historiens en ont parlé. L'on prétend qu'il
fut fils de Panopeus, & que ce fut luy qui fit
une espece de belier dont les Grecs se servirent pour abbatre les murs de la ville de
Troye, & qui a donné lieu à la fable du che-

L'an du Monde 2799. 1184.
ans avant
J. C.

TENICHUS.

De bello
Goth. l. 4.
c. 22.

EPEUS.

Pauf. l. 2.
Corinth.

Plin. l. 7. c. 56.

val de bois que les Poëtes ont imaginée.
Epeus avoit fait plusieurs autres machines
pendant les dix années que dura le siege, *Athen. l. 10.*
& basti des aqueducs pour conduire de l'eau *c. 22.*
dans le camp des Grecs. Cependant l'on ne
peut rien dire de certain de cét Ingenieur,
non plus que de tout ce qui est arrivé dans
la guerre de Troye, dont l'histoire est obscur-
cie par tant de fables, qu'on a peine à y découvrir la vérité.

Je ne sçay si je dois raporter icy ce *L. 2. Euterp.*
qu'Herodote a escrit d'un Architecte Egy-
ptien, & de ses deux fils, qui parurent peu
de temps aprés la prise de Troye. Il ne nous
apprend ni le nom de cét ouvrier, ni celuy
de ses enfans : mais voicy ce qu'il asseûre avoir
oüi dire d'une aventure assez extraordinaire
qui leur arriva, & qui semble avoir quelque
conformité avec celle que Pausanias rapporte au sujet de Trophonius.

Rhampsinitus Roy d'Egypte fit bastir joi- *Vers l'an du*
gnant son palais un édifice pour mettre son *Monde 2849.*
tresor. L'Architecte sçachant à quoy ce lieu
estoit destiné, ajusta une des pierres du mur
de telle sorte qu'on pust l'oster, & la replacer
aisément, afin d'y entrer quand il voudroit,
& d'y prendre autant d'argent qu'il en au-

B iij

roit befoin. Il révela fon fecret en mourant à fes deux fils, qui, fans beaucoup différer, allerent enfemble au trefor, où ils prirent tout ce qu'ils purent emporter. Y eftant retournez une feconde fois, il leur arriva la mefme chofe qu'à Trophonius & Agamedes, dont il eft parlé cy-devant. Car celuy qui mit le premier la main dans un des vafes où eftoit l'argent, fe fentit retenu par un piege que le Roy y avoit fait tendre; de forte que defefperant de pouvoir fe dégager, il obligea fon frere de luy couper la tefte, & de l'emporter avec luy, de peur qu'on ne les reconnuft.

Rhampfinitus, irrité de fe voir trompé de la forte, fit expofer ce corps à la veûë de tout le monde, & commanda à fes gens d'amener devant luy ceux qui paroiftroient les plus touchez de ce fpectacle. D'un autre cofté la mere des deux freres fut fi outrée de douleur, en apprenant la mort de fon fils & l'ignominie qu'on luy faifoit d'expofer fon corps de cette maniere, qu'elle menaça fon autre fils de l'accufer, s'il ne trouvoit moyen d'enlever au pluftoft le corps de fon frere.

Pour venir à bout d'une entreprife fi difficile, il chargea fur des afnes quantité d'outres remplies de vin; & s'eftant déguifé, les conduifit vers le lieu où eftoit le corps. Quand il fut prés des Gardes, plufieurs de fes outres fe délierent, & comme le vin fortoit de tous coftez, les foldats coururent avec des vafes, & bûrent ce qui fe répandoit. Alors il feignit de fe mettre en colere : mais aprés qu'il eût accommodé fes outres, il s'appaifa, & raillant enfuite avec les gardes de ce qui luy venoit d'arriver, il leur donna quelques-unes de ces peaux pleines de vin, bût avec eux jufques à la nuit, & les enyvra de telle forte qu'il luy fut aifé d'emporter le corps de fon frere fans qu'aucun s'en apperceûft.

Lors que Rhampfinitus apprit qu'on avoit enlevé ce corps, il employa toutes fortes de moyens afin de découvrir celuy qui ofoit l'infulter avec tant de hardieffe : & mefme pour cela il commanda à la Princeffe fa fille de recevoir jour & nuit tous les hommes qui l'iroient vifiter, & de condefcendre à leurs defirs, pourveû qu'ils luy déclaraffent d'abord les actions les plus mauvaifes ou les plus ingenieufes qu'ils pouvoient avoir faites pendant leur vie ; que fi quelqu'un luy parloit du trefor, & du corps enlevé, elle ne manquaft pas de le retenir jufqu'à ce qu'il l'eûft veû.

Celuy que cé Prince recherchoit avec tant de foin fe préfenta dés premiers à la Princeffe pour paffer la nuit auprés d'elle. Il luy apprit comment il avoit coupé la tefte à fon frere dans le trefor du Roy, & le ftratagefme dont il s'eftoit enfuite fervi pour avoir fon corps. Et quoy-que par cét aveu il s'expofaft à un danger évident, il ne laiffa pas de s'en delivrer encore : car lors que la Princeffe voulut l'arrefter, il luy préfenta une main qu'il avoit coupée du corps de fon frere, & fe retira auffitoft fans qu'elle s'en apperceuft.

Une action fi hardie & fi furprenante porta Rhampfinitus à avoir de l'eftime pour celuy qui en eftoit l'auteur. Non feulement il déclara qu'il pouvoit fe découvrir, & paroiftre en toute feureté ; qu'il luy pardonnoit le larcin & le parricide qu'il avoit commis ; mais le choifit pour fon gendre, afin de profiter des confeils d'un homme fi extraordinaire, qui en effet fit depuis tant de chofes confidérables qu'il n'a jamais eû fon pareil en Egypte.

L'on ne connoift point d'Architecte qui ait fuivi de plus prés ceux dont je viens de parler que HIRAM, ou CHIRAM. Il eftoit de Tyr, fils d'un Ifraëlite d'origine, nommé

Ur,

HIRAM, ou CHIRAM.
Jofeph. l. 8.
c. 2.

Ur, & d'une veuve de la Tribu de Nephtali.
La réputation qu'il s'eſtoit aquiſe, meſme
dans les païs étrangers, par ſes excellens ouvrages d'architecture, mais beaucoup plus
encore par ceux de ſculpture & de fonte, fit
que Salomon pria le Roy de Tyr, que l'E-
criture nomme auſſi Hiram, de luy envoyer
cét Architecte pour baſtir le Temple de Jéruſalem, & faire ce nombre preſque infini d'ouvrages d'orſévrerie & de fonte qui devoient
ſervir à l'ornement du Temple, & au culte
qu'on y devoit rendre à Dieu. Cette grande entrepriſe fut achevée dans l'eſpace de
ſept ans.

*L'an du Mon-
de 2972. &
1012. ans a-
vant J. C.*

3. Reg. c. 8.

Enſuite Salomon fit baſtir ſon Palais, un
autre pour la fille de Pharaon la premiere des
femmes qu'il épouſa, & quantité de grands
édifices, tant au dedans & aux environs de
Jéruſalem, qu'en pluſieurs autres lieux de ſon
royaume. On ne ſçait point ſi ce fut Hiram
qui eût auſſi la conduite de ces différens baſtimens : mais il paroiſt par la deſcription que
Joſephe en a faite, que l'architecture n'en
eſtoit pas moins excellente que celle du Temple, ſoit par la grandeur & la nobleſſe de
l'ordonnance, ſoit par la richeſſe & la ſomptuoſité des ornemens. On y voyoit, à ce que

L. 8. c. 2.

C

cét auteur rapporte, quantité de colonnes
dont les chapiteaux avoient de la reſſem-
blance à celuy de l'ordre Corinthien : ce qui
ne s'accorderoit pas avec le ſentiment de Vitruve , s'il eſtoit vray que Callimachus de
Corinthe, qui n'a paru que pluſieurs ſiecles
aprés la conſtruction du Temple, ait eſté le
premier qui ſe ſoit aviſé de faire des chapiteaux ornez de feuïlles & de tiges.

On ne ſçait point dans quel temps vivoit
HERMOGENES d'Alabanda*, qui, au rapport de Vitruve, inventa l'ordonnance Pſeu-
dodiptere , c'eſt à dire des Temples qui a-
voient huit colonnes à chacune de leurs faces,
& quinze à chacun de leurs coſtez, ainſi que le
Diptere, mais qui eſtoient environnez d'aiſles
ſimples qui avoient ſeules autant de largeur
que les doubles aiſles du Diptere. Ce fut de
cette maniere qu'il baſtit un Temple de Diane dans la ville de Magneſie*. Il fit à Teos *
un autre Temple Monoptere, ou environné
d'aiſles ſimples, conſacré à Bacchus, & fut
inventeur de pluſieurs autres choſes concernant l'Architecture, dont il compoſa un volume qu'on voyoit encore du temps d'Auguſte. Le meſme Vitruve témoigne que cét Architecte eſtoit conſidéré comme le premier

HERMOGE-
NES
* Ville de Ca-
rie dans l'Aſie
mineure.

L. 3. c. 1. 2.
Préf. l. 7.

* Ville de Ca-
rie dans l'Aſie
mineure.

* Ville de l'Io-
nie dans l'Aſie
mineure.

& le plus célebre de tous ceux de l'Antiquité.

MNESTES fit aussi dans la ville de Ma-
gnesie un temple dédié à Apollon.

RHICUS de Samos, fils de Phiteus, vivoit vers la vingtiéme Olympiade. Il rebastit dans le lieu de sa naissance le célebre
Temple de Junon, qui avoit esté basti pour la
premiere fois du temps des Argonautes. Rhicus eut deux fils, Theodorus & Theledeus,
qui furent excellens Sculpteurs. THEO-
DORUS fut aussi Architecte. Il aida à son
pere à bastir le temple de Samos, & apparemment il l'acheva luy seul. Vitruve ne
marque point qu'aucun autre que Theodorus ait eû part à la réédification de ce Temple, qui estoit d'ordre Dorique : il dit que
cét Architecte donna une description fort
éxacte de la maniere dont il l'avoit construit,
& que cette description se voyoit du temps
d'Auguste. Le mesme Theodorus se rendit
célebre par le Labyrinthe qu'il fit aussi à Samos* sur le modele de celuy que Dédale
avoit basti dans l'Isle de Crete. ZOILUS
& RHOLUS travaillerent avec luy à cét
ouvrage.

L'on voyoit à Lacédémone, du temps de

C ij

MNESTES.
Vitr. l. 3. c. 1.
de l'édition
de Jocundus.

RHICUS
vers l'an du
Monde 3297.
& 687. ans
avant J. C.
Herodot. l. 3.
Thal.

THEODORUS
DE SAMOS.
Pauf. l. 3.
Lacon.

* Isle de la
mer Ægée.
ZOILUS &
RHOLUS.
Vitr. Pref. l. 8.
Plin. hist. nat.
l. 36. c. 13.

Pauſ. l. 3. Lacon.

Pauſanias, un baſtiment appellé Σκιας, c'eſt à dire *un lieu à l'ombre*, qu'on diſoit auſſi eſtre un ouvrage de Theodore de Samos.

Herodot. l. 3. Thal.

EUPALINUS.

* Ville de l'Attique dans l'Achaïe,

Les Samiens avoient vers le meſme temps un Architecte célebre nommé E U P A L I - N U S de Megare *, dont le pere s'appelloit Nauſtrophus. Ils luy donnerent la conduite d'un aqueduc qu'ils firent faire, & qu'on regardoit comme un des plus grands travaux que les Grecs euſſent entrepris juſques alors ; tant à cauſe qu'il s'étendoit fort loin, que parce qu'il falut percer une montagne tres-haute pour le faire paſſer au travers.

Pauſ. l. 10. Phoc.

L'an du Monde 3433. & 550. ans avant J. C.

SPINTHARUS.

Le temple d'Apollon de Delphes, que j'ay dit avoir eſté fait par Trophonius & Agamedes, fut bruſlé la premiere année de la 58. Olympiade, & rebaſti par un Architecte de Corinthe nommé S P I N T H A R U S, qui l'acheva entierement, hormis le Thole ou pe-

THEODORE PHOCE'EN.

tit dome, que T H E D O R E Phocéen acheva depuis.

CTESIPHON. Strab. l. 14. Plin. l. 8. c. 38. & l. 36. c. 14. Vitr. Préf. l. 7. & l. 10. c. 6,

C T E S I P H O N ou Cherſiphron, natif de l'iſle de Crete, travailloit avant la 60. Olympiade. Cét Architecte s'eſt rendu célebre par la conſtruction du temple de Diane à Epheſe, dont il donna les deſſeins, qui furent éxécutez la plus grande partie ſous ſa conduite

& fous celle de fon fils METAGENES, & le refte par d'autres Architectes. qui y travaillerent aprés eux dans l'efpace de deux cens vingt ans qu'on fut à baftir ce fuperbe édifice. Metagenes fit la defcription des ouvrages que fon pere & luy avoient achevez dans ce temple, & donna auffi diverfes machines de leur invention propres pour voiturer des fardeaux d'un poids extraordinaire, comme des colonnes de marbre d'une feule piece, telles qu'eftoient celles qu'ils employerent au temple de Diane, lefquelles avoient jufques à foixante pieds de hauteur.

Dans la 60. Olympiade BUPALUS excellent Sculpteur fit plufieurs baftimens magnifiques au rapport de Paufanias, qui pourtant n'en remarque aucun en particulier : mais il a fait la defcription d'un petit temple que BATHYCLES Magnefien baftit à Amycles *, & qu'il orna de plufieurs ouvrages de fculpture. Il eftoit confacré aux Graces.

CHYROSOPHUS de l'ifle de Crete, fit auffi plufieurs temples dans la ville de Tegée * : il y en avoit un dédié à Cérés & à Proferpine, un autre à Vénus Paphienne, deux à Bacchus, & un à Apollon. Dans ce

METAGENES.

BUPALUS.
Vers l'an du Monde 3443. & 541. an avant J. C.
L. 4. Meff.

BATHYCLES.
* Ville du païs de Laconie dans le Peloponefe.
Pauf. l. 3. Lacon.
CHYROSOPHUS.
Pauf. l. 8. Arcad.
* En Arcadie, dans le Peloponefe.

C iij

dernier il y avoit une ſtatuë repréſentant cét Architecte. L'on ne ſçait point en quel temps il vivoit.

On n'eſt pas mieux inſtruit du temps auquel travailloient ANDRONICUS de Cyrreſtes * qui fit une tour de marbre, dont on voit encore une partie dans les ruines d'Athenes, & où l'expoſition des vents eſtoit marquée, ni METICHUS qui fit dans la meſme ville une grande place qui portoit ſon nom, ni EUPOLEMUS d'Argos, qui baſtit dans l'Eubée un temple fort célebre conſacré à Junon.

Pauſanias parle d'un autre Architecte qui pouvoit eſtre du meſme temps que ceux-cy. Il le nomme AGAPITUS, & dit avoir veû parmi les Eliens un portique qu'on nommoit encore du nom de cét Architecte.

CALLIMACHUS, ſurnommé *Cacizotecnos*, c'eſt à dire, qui n'eſtoit jamais content de ſes ouvrages, eſtoit de Corinthe, & travailloit peu de temps aprés la 60. Olympiade. Ce fut luy, qui, ſelon Vitruve, inventa le chapiteau de l'ordre Corinthien. Cette invention luy a donné rang parmi les Architectes les plus célebres, quoyqu'on ne ſçache rien de ſes ouvrages, ſinon

qu'il réüssissoit fort bien dans la peinture &
dans la sculpture, dont il faisoit sa principale Pauf.1. 1. Att.
occupation. Il fit pour le temple de Minerve
à Athenes une lampe d'or, dont la mesche
estant de cette espece de lin qu'on tire de la
pierre appellée *Amiante*, éclairoit nuit &
jour pendant un an entier, sans qu'on eust
besoin de renouveller l'huile de la lampe.

Depuis que le chapiteau de l'ordre Corin-
thien eust esté inventé TARCHESIUS & TARCHESIUS. ARGELIUS. Vitr. l. 4. c. 3. & Pref. l. 7.
ARGELIUS écrivirent touchant ses pro-
portions dans les traitez qu'ils firent des ordres d'architecture.

Le premier n'approuvoit pas qu'on se ser-
vist de l'ordre Dorique pour les Temples, &
conseilloit d'employer à ces sortes d'édifices
l'ordre Ionique & l'ordre Corinthien. Argelius donna encore dans son livre la description
d'un temple d'ordre Ionique qu'il avoit basti,
& que les Tralliens, peuples de l'Asie mineure, avoient consacré à Esculape.

ANTISTATES, ANTIMACHIDES, ANTISTATES, ANTIMACHIDES, CALLESCHROS, PERINOS. * Ce Prince mourut la 1. année de la 62. Olympiade. Vitr. Préf.l, 7.
CALLESCHROS & PERINOS, com-
mencerent à bastir à Athenes, par l'ordre de
Pisistrate*, le fameux temple de Jupiter O-
lympien, que le Roy Antiochus fit continuer
trois cens ans aprés.

Vers l'an du Monde 3443. 541. an avant J. C. dans 60. Olympiade.

Ce fut vers ce temps-là que Cyrus, aprés avoir conquis l'Empire des Medes, delivra le peuple Juif de la captivité de Babylone, & qu'il permit à Zorobabel, Prince iſſu du ſang de David, & à Joſué ou Jeſus fils de Joſedec, Grand Sacrificateur, de rebaſtir le Temple & la ville de Jéruſalem que Nabuchodonoſor avoit ruïnez. Il n'eſt pas néceſſaire de remarquer icy comment Dieu toucha le cœur de Cyrus, ni tout ce que ce Prince & quelques autres des Rois de Perſe ſes ſucceſſeurs firent pour avancer l'ouvrage du Temple, ou pour le retarder. On en peut apprendre les particularitez dans l'Ecriture Sainte, & dans l'hiſtoire de Joſephe.

1. Eſdr.

L. II. c. 1. 2. 3.

L'on obſervera ſeulement que Zorobabel & Joſué prirent la principale conduite de cét édifice ; qu'en ayant poſé les fondemens ſous le regne de Cyrus, Cambyſes ſon fils & ſon ſucceſſeur défendit aux Juifs de le continuer ; mais que Darius fils d'Hyſtaſpes, qui eût les meſmes ſentimens que Cyrus, accorda enſuite à Zorobabel la permiſſion de l'achever ; qu'il fournit meſme toutes les choſes néceſſaires pour un ouvrage ſi ſaint ; & que ce fut enfin dans la ſixiéme année de ſon regne que le Temple fut fini.

Vers l'an du Monde 3481. 503 ans avant J. C.

Ce

Ce bastiment n'avoit gueres que la moitié de la hauteur & de la largeur de celuy de Salomon, & paroissoit néanmoins si solide & si grand que les peuples voisins des Juifs le comparoient à une forteresse. Esdras nous apprend que les Lévites furent presque les seuls qui y mirent la main, & que pour cela on choisit ceux qui avoient atteint l'âge de vingt ans. Josué, comme grand Sacrificateur, eût la principale inspection sur tous les travaux. Les ouvriers furent conduits par plusieurs autres Sacrificateurs, entre lesquels estoient les freres & les fils de Josué, Cedmiel, ses fils & les fils de Juda & d'Henodad, que Zorobabel & le grand Sacrificateur établirent pour avoir un soin particulier sur les choses les plus importantes.

Voilà ce qu'on fit alors de considérable parmi les Juifs. Darius qui contribua plus qu'aucun Prince à l'achevement du Temple, laissa en divers autres lieux des marques de sa magnificence par les édifices qu'il fit faire : mais on ne sçait point qui en estoient les Architectes. Hérodote parle seulement de MANDROCLES de Samos, lequel s'aquit beaucoup de réputation par le pont que Darius luy ordonna de dresser sur la mer,

D

60. coud. de large & autant de haut.

L. 1. c. 3.

L. 4 Melpom.
MANDRO-
CLES.
Vers l'an du Monde 3476.
508. ans avant

J. C. au com-
mencement de
la 68. Olymp.

Tzetzes, Chil.
11.hift. 31. 32.

dans le lieu le plus étroit du Bofphore de Thrace.

Ce pont compofé de quantité de batteaux joints enfemble, couvroit la largeur que la mer peut avoir dans cét endroit ; & eftoit fi folidement conftruit, que l'armée de ce Prince, qui eftoit tres-nombreufe, paffa deffus pour aller d'Afie en Europe.

Mandrocles, afin de conferver la mémoire d'un ouvrage fi fingulier, & qui ne devoit durer que peu de temps, fit un tableau, où ayant figuré le Bofphore, il repréfenta le Roy de Perfe affis fur un trône au milieu du pont, & l'armée de ce Prince qui traverfoit la mer fur ce mefme pont.

Cette peinture fut mife dans le temple de Junon à Samos, où Hérodote dit l'avoir veûë avec une infcription, dont voicy le fens: *Man-drocles, aprés avoir dreßé un pont de batteaux fur le Bofphore par l'ordre du Roy Darius, con-facra à Junon ce monument, qui fait honneur aux Samiens, & fert à la gloire de l'ouvrier.*

On ne peut rien dire des Architectes qui ont travaillé pour tous les autres Rois de Per-fe, finon qu'il y en eût parmi eux de tres-habiles, qui firent des ouvrages, dont les ref-tes donnent encore de l'étonnement à ceux qui voyagent en Afie. L'on ignore auffi les noms des ouvriers que les Puiffances qui eftoient fous la domination, ou fous la protection de ces Princes, employerent à conduire les édifices qu'ils firent faire ; & il femble qu'entre tant de diférentes nations, il n'y eût que les Juifs qui priffent foin de conferver la mémoire des perfonnes qui s'appliquoient parmi eux à ces fortes de travaux. Auffi eftil vray que ce peuple faifoit une eftime particuliere de l'Architecture, fans doute à caufe que cét art a quelque chofe de divin ; & que Dieu non feulement eft appellé dans l'Ecriture l'Architecte fouverain de l'Univers, mais qu'il a bien voulu enfeigner luy-mefme à Noé de quelle maniere il falloit qu'il baftift l'Arche. Il prefcrivit auffi à Moïfe comment il vouloit qu'on fift fon Tabernacle, répandant fur les ouvriers dont ce Legiflateur fe fervit un don tout particulier de fcience & de fageffe pour bien éxécuter fes ordres. Enfin David & Salomon ne firent rien dans la conftruction de la Ville & du Temple de Jérufalem que fur l'idée que Dieu leur en donna luy-mefme.

L. 1. Paralip. c. 28. v. 19.

S'il ne s'agiffoit que de faire connoiftre l'eftime que les Juifs ont eû de l'art de baftir, il ne feroit pas néceffaire de rien ajoufter à ce qui a efté dit en parlant de la nouvelle conftruction du Temple fous le gouvernement de Zorobabel ; Car l'on a fait voir que les Sacrificateurs & les Lévites, qui tenoient le premier rang entre les Juifs, travaillerent euxmefmes à cét édifice ; Que Jofué fils de Jofedec en fut l'ordonnateur, ou, pour ainfi dire, l'architecte ; Et que bien loin que cét employ dérogeaft à la dignité facerdotale, il eftoit important que les Preftres fceûffent tout ce qui pouvoit les en rendre capables, puis qu'il n'y avoit qu'eux & les Lévites qui puffent mettre la main à la principale & la plus fainte partie de ce Temple fi magnifique.

Jofeph. hift. Jud. l.15. c..14

Mais comme noftre fujet ne permet pas d'obmettre aucun de ceux qu'on fçait avoir conduit des baftimens confidérables, il faut, avant que de paffer outre, dire quelque chofe de Néémie fils d'Helchias, & premier Efchanfon de Xerxes fils & fucceffeur de Darius.

Vers l'an du Monde 3500. & 484. avant J. C.

Ce Prince Juif obtint du Roy de Perfe la permiffion de rebaftir les murs de Jérufalem, & anima de telle forte par fon zele tous ceux de fa nation, qu'ils entreprirent cét ouvrage, & le finirent en tres-peu de temps, nonobftant la haine & la jaloufie de leurs ennemis, qui s'oppoferent d'abord fi fortement à ce deffein, que les Juifs, pour leur réfifter, furent obligez de travailler les armes à la main juf-ques à ce qu'ils euffent achevé leur entre-prife.

Efdras, qui fait un dénombrement tres-particulier de ceux qui eurent la conduite de ce grand travail, dit que Néémie s'en ef-tant réfervé l'intendance générale, le grand Sacrificateur Eliafib fit baftir par les Lévites la porte appellée *la Porte du Troupeau*, & une partie des murailles. Il feroit ennuyeux de rapporter les noms des autres ordonnateurs. Je diray en général qu'ils eftoient tous ou chefs de lignées, ou Princes de Tribus, & qu'en cette rencontre aucun des plus quali-fiez d'entre les Juifs ne fut éxempt de mettre la main à l'œuvre, excepté le Prince des Thécuens, & un autre Prince qui demeuroit au-delà du Jourdain. Ce dernier envoya à fa place Meltias de Gabaon, & Jadon de Maf-pha, pour conduire les ouvriers qu'il avoit fournis.

Diodore de Sicile nous apprend que vers la foixante-quinziéme Olympiade, aprés que Gelon chef des Siciliens eût défait les Cartha-

L. II. c. 6.
*Vers l'an du
Monde 3505.
479 ans avant
J. C.*

D iij

ginois ſous leur Capitaine Amilcar, lès Agri-
gentins, afin d'occuper le grand nombre de
captifs qu'ils eûrent pour leur part de cette
victoire, firent conſtruire diférens édifices
pour la commodité & l'embelliſſement de
leur ville *, & en donnerent la conduite à
PHEAX, excellent Architecte de ce temps-
là, qui fit quantité d'aqueducs & de conduits
ſouſterrains que l'on appella *Pheaces*, du nom
de leur Auteur.

Dans ce meſme temps vivoit un Architecte
Elien nommé LIBON, qui baſtit prés de Piſe, en Grece, le fameux Temple de Jupiter, où
l'on célébroit les jeux Olympiques. Pauſanias
en fait une deſcription tres-ample & tres-bel-
le. Cét édifice eſtoit d'ordre Dorique, environné de quantité de colonnes. Il eſtoit couvert
de petites pieces de marbre taillées en forme
de tuiles, dont l'uſage fut inventé par BY-
SAS de Naxos * Sculpteur, qui vivoit avant
la cinquante-cinquiéme Olympiade.

Lors que Péricles gouvernoit Athenes, il
y eût pluſieurs Architectes célebres qui firent par ſon ordre des baſtimens tres-ſomp-
tueux. ICTINUS & CALLICRATES
furent de ce nombre. Ils baſtirent dans le
chaſteau d'Athenes le Temple de Minerve ap-

pellé *Parthenone*, c'eſt à dire le Temple de la Vierge. Vitruve remarque qu'il eſtoit d'ordre Ionique, & qu'Ictinus eût pour aſſocié dans la conduite de cét ouvrage un nommé CARPION. Ce meſme Auteur, auſſi-bien que Strabon, attribuë à Ictinus la conſtruction entiere du Temple conſacré à Cérés & à Proſerpine dans la ville d'Eleuſis : mais Plutarque dit que le premier ordre de ce Temple fut baſti par COROEBUS, aprés la mort duquel METAGENES natif de Xipere*, éleva le ſecond, & que XENOCLÈS fit la lanterne ou coupe qui couvroit le Sanctuaire. Ce temple eſtoit d'ordre Dorique.

Ictinus baſtit pluſieurs autres Temples en divers lieux. Le plus conſidérable fut celuy d'Apollon, ſurnommé ΕΠΙΚΟΥΡΟΣ, c'eſt à dire *ſecourable*, proche le Mont Cotylius*. Il eſtoit voûté de pierre, & paſſoit pour l'un des plus beaux de l'Antiquité.

MNESICLES fit le portail du chaſteau d'Athenes. Entre ceux qui travaillerent à cét ouvrage, il y eût un eſclave appellé SPLANCHNOPTES. Son nom devint célebre par le credit qu'il s'eſtoit aquis auprés de Pericles qui le cheriſſoit beaucoup, & par la faveur ſinguliere que les Athéniens receû-

Vers l'an du Monde 3545. 439. ans avant J. C. Préf. l. 7.

CARPION. L. 9.

V. Pericl.

COROEBUS. METAGENES.

** Bourg du pais Attique.* XENOCLES.

Pauſ. l. 8. Arcad.

** En Arcadie dans le Peſoponneſe.*

MNESICLES. Plut. V. Pericl.

SPLANCHNOPTES.

rent de la Déeſſe Minerve par ſon moyen. Car
cét ouvrier eſtant tombé d'un endroit fort
élevé, & s'eſtant bleſſé tres-dangereuſement,
Minerve, pour le guerir, révela à Pericles une
eſpece d'herbe, appellée *Pariétaire,* que Pline nomme *Helxine,* & que les Grecs connu-
rent alors eſtre ſouveraine pour toutes ſortes
de bleſſures. En reconnoiſſance de ce bien-
fait, les Athéniens firent faire par Phidias une
ſtatuë d'or de leur Déeſſe, qu'on appelle la
Santé , & on éleva auſſi une ſtatuë de bronze à Splanchnoptes.

Dans le temps que ces Architectes vivoient il y eût à Athenes pluſieurs perſonnes ſçavantes qui écrivirent ſur les proportions des ordres d'Architecture & ſur les machines. Les Philoſophes Anaxagoras & De-
mocrite traiterent des décorations de theatre. Ils avoient étudié cette matiere ſous A-
gatarchus diſciple d'Æſchyle qui en fut le
premier inventeur. S I L E N U S donna les
proportions de l'ordre Dorique, & un autre
Architecte nommé dans Vitruve P H I L E O S
& P Y T H I U S, écrivit au ſujet d'un Temple
d'ordre Ionique conſacré à Minerve, qu'il
avoit baſti à Prienne*.

Le Belier ayant eſté inventé par un nommé

mé PEPHASMENOS, Charpentier de la
ville de Tyr, dés le temps que les Carthaginois s'en fervirent pour affiéger la ville de
Gades, CETRAS Calcedonien ajoufta quelque chofe à cette nouvelle invention, & fit la
machine de guerre qu'on nommoit *Tortuë*,
tant à caufe qu'on ne pouvoit l'approcher
que fort lentement de la muraille, que parce
que ceux qui la faifoient agir s'y trouvoient
à couvert des coups des ennemis. POLY-
DUS de Theffalie acheva de perfectionner le
belier, lors que Philippe Roy de Macedoine
mit le fiege devant Bifance; & AGETOR
Bifantin inventa auffi une nouvelle forte de
belier, que Vitruve décrit fort au long.

   NIMPHODORUS & DIPHILUS,
fur qui on fit ce proverbe, *Plus tardif que
Diphilus*, à caufe qu'il eftoit long-temps à
finir les ouvrages qu'il entreprenoit, CHA-
RIDAS, PHYROS, & AGASISTRA-
TES ont encore beaucoup écrit fur ce qui re-
garde l'architecture: mais leurs écrits ne font
point venus jufques à nous, non plus que
ceux de MEXARIS, TEOCIDES, DE-
MOPHILOS, POLIS, LEONIDES,
SILANION, MELAMPUS, SARNA-
CUS, & EUPHRANOR, qui ont donné

E

PEPHA-
MENOS.
Vitr. l. 10. c.
19.

CETRAS.

POLYDUS.

AGETOR.

L. 10. c. 22.

NIMPHO-
DORUS.
DIPHILUS.

CHARIDAS.
PHYROS.
AGASIS-
TRATES.
Vitr. Pref. l. 7.

MEXARIS.
TEOCIDES.
DEMOPHILOS
POCLIS.
LEONIDES.
SILANION.
MELAMPUS.
SARNACUS.
EUPHRANOR.

en divers temps les proportions des ordres Dorique & Ionique.

Pour revenir à ceux qui se sont fait connoistre par les grands édifices qu'ils ont construits, & pour reprendre l'ordre des temps, POLYCLETE d'Argos Sculpteur célebre travailloit vers la 90. Olympiade, & ne s'aquit pas moins de réputation par ses ouvrages d'architecture que par ses statuës. Il bastit pour les Epidauriens un theatre & un temple, qui, selon Pausanias, surpassoit tout ce qu'il y a eû de plus magnifique chez les Romains.

DEMETRIUS & PEONIUS vivoient entre la 80. & 100. Olympiade, puis que ce furent eux qui acheverent de bastir le temple de Diane à Ephese, que nous avons dit avoir esté commencé par Ctesiphon vers la 60. Olympiade.

Ce mesme Peonius & DAPHNIS Milesien bastirent dans la ville de Milet un autre temple consacré à Apollon, lequel n'estoit pas moins grand & magnifique que celuy d'Ephese : l'un & l'autre estoient de marbre, & d'ordre Ionique.

Vers la 102. Olympiade PYRRUS & ses deux fils LEOCRATES & HERMON

firent à Olympie pour les Epidamniens un
édifice qu'on nommoit Tresor, où Theocles *Pauf. l. 6.*
fils d'Etylus fit deux statuës de Cédre, dont *Eliac. Pofter.*
l'une répréfentoit Atlas fouftenant le Ciel, &
l'autre un Hercule proche l'arbre des Hef-
perides.

POTHOEUS, ANTIPHILUS & ME- *POTHOEUS,*
GACLES éleverent à Olympie pour les *ANTIPHILUS,*
MEGACLES.
Carthaginois un autre tresor, où l'on voyoit
une statuë de Jupiter d'une grande hauteur,
& d'une beauté extraordinaire, & quelques
depouïlles remportées fur les Syracufains.

SATYRUS & PHYTHEUS firent *SATYRUS,*
les deffeins, & eûrent la conduite du fuper- *PHYTEUS.*
Plin.l.36.c.5.6.
be tombeau de Maufole Roy de Carie, que
la Reine Artemife fit conftruire à Halicar- *Vitr. Préf.l.7.*
Vers l'an du
naffe, & que les Anciens confidéroient com- *Monde 3621.*
me l'une des fept Merveilles du monde, tant *& 363. ans*
avant J. C.
pour fa grandeur & la nobleffe de fon architecture, que pour la quantité & l'excellence
des ouvrages de fculpture dont l'enrichirent
Thimotée, Briaxis, Leocares, ~~Praxiteles~~ &
Scopas, les plus renommez ouvriers qui fuf-
fent alors.

Ce SCOPAS fculpteur, fut auffi un tres- *SCOPAS.*
fçavant architecte. Il eftoit de Paros *. Ce ** Ifle de la mer*
Ægée.
fut luy qui rebaftit à Tegée le temple de

E ij

Diane *Alea*, qu'Aleus Roy d'Arcadie avoit
autrefois fait conftruire, & qui paffoit pour
le plus fomptueux qui fuft dans le Peloponefe. Il eftoit compofé de trois ordres d'architecture, fçavoir du Dorique, de l'Ionique &
du Corinthien. Scopas travailla auffi au temple d'Ephefe, & fit entre autres chofes une des
36. colomnes ornées de fculptures, que l'on
regardoit comme l'une des principales richeffes de ce fuperbe temple.

 L'arcenal & le port de Pirée dont il eft fait
mention par plufieurs Auteurs peuvent eftre
mis au nombre des plus grands ouvrages qui
ayent efté faits. Démetrius de Phalere qui
gouvernoit à Athenes, en donna la conduite
à PHILON. Cét Architecte, qui eftoit un
des plus celebres de fon temps, fit auffi plufieurs temples, & mit des colomnes audevant
de celuy de Cérés & de Proferpine qu'Ictinus
avoit bafti à Eleufis. Il donna des defcriptions
de tous ces différens ouvrages, & par ce moyen mérita un rang auffi confidérable parmi
les Auteurs Grecs qui avoient écrit touchant
les arts, que parmi les plus fameux ouvriers
de l'Antiquité. Ces defcriptions ne font
point venuës jufques à nous. Quelques-uns
prétendent que c'eft ce mefme Philon qui

Pauf. l. 8.
Arcad.

Plin. l. 7.
c. 37.

*Vers l'an du
Monde 3666.
318.ans avant
J. C.*

PHILON.

Vitr. l. 3. c. 1.
& Préf. d. 7.
Cic. de Orat.
l. 1.
Plin. l. 7.c.38.
Pauf. l. 9. in
Att.
Val. Max. l.8.
c. 12.

Voffius lib.
Univer. ma-
thefeos, &c.
c. 48. §. 9.

estoit de Bisance, & qui a composé un traité de machines de guerre, qu'on imprime maintenant au Louvre sur un manuscrit de la Bibliotheque du Roy.

On peut dire que l'architecture ne fut jamais plus florissante par toute la Grece qu'elle l'estoit alors, particulierement aprés qu'Alexandre le Grand eût enrichi les Grecs de la dépouïlle de tant de nations qu'il assujetit sous son Empire. Si Athenes, comme j'ay dit, fut embellie de quantité d'édifices, il y a apparence qu'on ne bastissoit pas avec moins de magnificence dans les villes de Macédoine, & dans les autres lieux qui estoient ou sous la puissance de ce Prince, ou sous sa protection. Cependant de tous les Architectes qui vivoient alors, il y en a tres-peu dont les noms soient venus jusques à nous.

L'on peut mettre au nombre des plus celebres un Ingenieur nommé POSSIDO-NIUS. BITON qui vivoit de son temps luy attribuë la construction d'une hélépole ou espece de tour roulante qu'Alexandre fit faire; & l'on ne sçait si ce n'est point ce mesme Possidonius qui estoit de Rhodes, & qui a écrit un Traité de l'art militaire que l'on voit encore à présent.

POSSIDONIUS. BITON auteur d'un livre de machines de guerre qu'on imprime à present au Louvre. Vossius lib. de Univer. mathefeos, &c. cap. 48. §. 22. & 25.

E iij

Vitruve parle aussi avec estime de DIADES, de CHEREAS, d'EPIMACHUS d'Athenes, & de DIOGNETUS Rhodien. Les deux premiers, qui estoient éleves de Polydus Thessalien, furent employez dans les armées d'Alexandre, & écrivirent sur les machines de guerre, particulierement Diades qui se disoit inventeur de la terriere & des tours roûlantes dont on se servoit dans les sieges de ville. On ne sçait rien autre chose des ouvrages d'Epimachus & de Diognetus, sinon que quand Demetrius Poliorcetes assiégea la ville de Rhodes, Epimachus fit par l'ordre de ce Prince une hélépole d'une grandeur prodigieuse. Diognetus, qui estoit du nombre des assiégez, trouva moyen d'empescher que les ennemis n'approchassent cette machine de la muraille. Pour cét effet il fit inonder le terrain par où l'hélépole devoit passer; ce qui la rendit tout-à-fait inutile, & Démétrius, qui avoit mis son esperance dans le succés qu'il attendoit de cette machine, fut obligé à lever honteusement le siege, luy qui jusques alors n'avoit point attaqué de places sans s'en rendre le maistre.

Aprés la levée du siege, l'hélépole dont je viens de parler fut conduite dans Rhodes, &

placée par Diognetus au milieu de la ville, où elle demeura pendant plusieurs siécles avec une inscription dont voicy le sens : *Diognetus a fait ce present au peuple, de la dépouille des Ennemis.*

Athenée parlant de l'Architecte qui fit L. 5. lever le siege de Rhodes, le nomme DIO-CLIDES, & dit qu'il estoit d'Abdera ville de Thrace. Quoy qu'il en soit, Vitruve ajouste que les Rhodiens, pour reconnoistre ce signalé service, qui les avoit comme tirez de la captivité, combla d'honneurs Diognetus, & augmenta de beaucoup une pension que la Ville luy avoit assignée, mais que quelque temps avant le siége on avoit cessé de luy payer pour en gratifier un Architecte d'Arados *, nommé CALLIAS.

Ce Callias s'estoit aquis l'estime du peuple de Rhodes par l'expérience qu'il fit d'une machine avec laquelle il enlevoit une hélépole pardessus une muraille. Mais il perdit bientost son crédit, quand on luy proposa d'enlever celle d'Epimachus : car pour lors il fut obligé d'avoüer que les forces de sa machine estoient bornées, & qu'elle ne pouvoit pas enlever également toutes sortes de fardeaux.

CALLIAS.
* Isle de Phœnicie.
Vitr. l. 10.
c. 22.

Vers le temps que Diognetus délivra Rhodes, un Architecte natif d'Alexandrie nommé TRIPHON, rendit un pareil office à la ville d'Apollonie, par le moyen de plusieurs contremines qu'il fit au dedans de la place. Vitruve ne dit rien davantage de cét Architecte, non plus que des deux précedens, dont il n'est presque fait aucune mention ailleurs que dans cét Auteur.

Il n'en est pas de mesme de l'Architecte dont Alexandre se servit pour bastir la ville d'Alexandrie *. Divers Ecrivains anciens & modernes en ont parlé. Il estoit de Macedoine. Son nom est différent dans la pluspart des Auteurs. Les uns l'appellent STASICRATES; d'autres CHINOCRATES, CHEIROMOCRATES & CHERSICRATES; quelques-uns CLEOMENES; quelques-autres DINOCHARES; & enfin Vitruve le nomme DINOCRATES, qui est celuy de tous ces noms qui paroist le moins corrompu, & sous lequel on connoist mieux l'Architecte dont je parle. Cependant les Antiquaires remarquent que ce nom est encore altéré, & qu'au lieu de Dinocrates il faut dire DEMOCRATES, fondez sur une inscription antique qu'ils disent avoir esté trouvée

TRIPHON.

Vitr. l. 10.
c. 22.

* En Egypte.

Plut. V. Alexand. & 2.
Tract. Virt. &
Fort. Alex.
Strab. l. 14.
Justin.
Plin. hist. nat.
l. 7. c. 38.

DINOCRATES.
Vitr. Préf. l. 2.
Solin. c. 35.

DEMOCRATES.

vée en Egypte dans la ville d'Alexandrie, &
qui eſt conceûë en ces termes.

ΔΗΜΟΚΡΑΤΗΣ ΠΕΡΙΚΛΥΤΟΥ ΑΡ_
ΚΙΤΕΚΤΟΣ. ΜΕ. ΕΘΕΣΕΝ. ΔΙΑ. ΑΛΕ-
ΞΑΝΔΡΟΥ ΜΑΚΕΔΩΝΟΣ.

C'eſt à dire, *Démocrates fils de Periclytus Architecte, a conſtruit ces édifices pour Alexandre de Macedoine.*

Perſonne n'ignore de quelle maniere cét
Architecte ſe fit connoiſtre à Alexandre, ni
les propoſitions extraordinaires qu'il fit à ce
Prince: du moins a-t-on pû apprendre toutes ces choſes dans quantité d'Auteurs, particulierement dans Vitruve, qui s'eſt fort é-
tendû ſur ſon ſujet. Ainſi il n'eſt pas néceſſaire
de répeter ce qui a déja eſté dit tant de fois:
il faut pluſtoſt rapporter ce que l'on ſçait de
plus remarquable des ouvrages qu'il a finis.

Celuy qui luy a le plus aquis de réputation,
eſt la ville d'Alexandrie, dont il eût la conduite pendant tout le temps qu'Alexandre
qui en a eſté le Fondateur y fit travailler. Il y a
eû peu d'Architectes entre tous ceux que j'ay
nommez, qui ayent éxécuté une entrepriſe
de cette importance. Cette ville eſtoit en-
vironnée d'une grande étendüe de murailles, & fortifiée de Tours. Il y avoit un Port,

F

Grut. ex Ap.
pag. 186.
Inſc. 2.

Préf. l. 2.

* Fondée ſelon
Solin c. 35.
dans la 112.
Olymp.
Vers l'an du
Monde 3653.
331. ans avant
J. C.

Strab. l. 14.

des Aqueducs , des Fontaines & des Canaux;
un nombre prefque infini de Maifons pour
les habitans , des Places & des Baftimens
magnifiques , des lieux publics pour les jeux
& pour les fpectacles , & enfin des Temples
& des Palais fi fpacieux & en fi grand nombre , qu'ils occupoient prefque le tiers de
toute la Ville.

Solin. c. 43. Quelques-uns ont crû que ce fut ce mefme Architecte qui rebaftit le Temple de
Lib. 14. Diane à Ephefe. Strabon toutefois réfute ce
fentiment, quoy-qu'il convienne de la plufpart des chofes que les autres Auteurs ont
écrit touchant la ruine & la réédification du
Temple d'Ephefe ; fçavoir, que cét édifice
fut brûlé la nuit mefme qu'Alexandre na-
L'an du Mon- quit ; que ce fut un nommé Heroftrate qui
de 3628. 356. y mit le feu, dans l'efperance que fon nom
ans avant déviendroit célebre en fe rendant auteur
J. C. dans la d'une perte qu'il fçavoit devoir faire du bruit
106. Olymp. par tout le monde. Et pour ce qui regarde
la réédification de ce Baftiment , qu'il fut
commencé & achevé de rebaftir pendant
le regne d'Alexandre, avec une fomptuofité qui luy conferva toûjours le premier rang
parmi les Temples les plus fuperbes de la
Grece.

On n'eſt donc pas aſſeuré que ce ſoit Democrates qui ait eû la conduite de ce grand
Ouvrage. Ce que l'on peut dire de plus certain, eſt qu'outre la ville d'Alexandrie, il fit
pluſieurs autres édifices en divers lieux, non
ſeulement ſous le regne d'Alexandre, mais
encore ſous les Rois qui partagerent l'Empire de ce Prince aprés ſa mort. Il travailla
pour Ptolomée Philadelphe; & c'eſt ce qui
fait juger qu'il eſt mort fort âgé.

Ce fut dans l'année meſme que Ptolomée mourut, ſi l'on en veut croire Pline; ce
qui n'eſt pas vray-ſemblable : car ſelon le
calcul de nos meilleurs Chronologiſtes, la
mort de Ptolomée arriva 77. ans aprés celle d'Alexandre. Je laiſſe aux Sçavans à juger de cette difficulté. Cependant voicy ce
que Pline dit : Dinocrates eût ordre de baſtir un Temple à l'honneur d'Arſinoë ſœur
& Epouſe de Ptolomée Philadelphe : la
voute de cét édifice devoit eſtre de pierre
d'aimant pour ſoutenir en l'air la ſtatuë de la
Princeſſe, laquelle pour cét effet auroit eſté
toute de fer; mais la mort du Roy & de l'A-
chitecte eſtant ſurvenuë, ce deſſein ne s'exe-
cuta point.

L'an du Mon-
de 3725. 259.
ans avant
J. C. dans la
130. Olymp.
Le P. Petau.

« L. 34. c. 14.
«
«
«
«
«
«
«
«

Ptolomée Philadelphe avoit encore pour

Architectes auprés de luy Sostratus, SATY-
RUS, & PHOENIX. Les deux derniers
font peu connus, parce qu'on ne fçait rien
de fort confiderable ni de certain de leurs ouvrages. Neanmoins on dit que l'un d'eux fit
le Canal par où l'on tranfporta dans Alexandrie une Eguille que Nectabis ancien Roy
des Egyptiens avoit autrefois fait tailler, &
que par l'ordre du mefme Ptolomée il éleva
cet Eguille au milieu de la ville.

Pour SOSTRATUS, chacun fçait qu'il
fut l'Architecte le plus renommé de fon
temps, & pour qui Ptolomée Philadelphe
eût plus d'eftime. Strabon marque affez fon
credit auprés de ce Roy, en le nommant,
Φίλος τῶ Βασιλεῶν, c'eft-à-dire, *l'ami ou le favori des Rois.* On ne peut dire de quelle maniere il fe mit dans les bonnes graces de ce
Prince. Il me fouvient d'une particularité qui
pouvoit fort l'en éloigner, s'il eft vray que
ce foit de ce mefme Softratus dont Lucien
ait voulu parler. Il remarque qu'un Ingénieur de ce nom défit luy feul l'Armée de
Ptolomée, & qu'il obligea ceux de Mem-
phys à fe rendre fans attaque, ayant trouvé
moyen de détourner le cours du Nil.

Entre les Edifices que cet Architecte baf-

SATYRUS.
PHOENIX.
Plin. l. 34.
c. 8. & l. 36.
c. 9.

SOSTRATUS.

Lib. 17.

Dial. Hippi.

Plin. l. 36.
c. 12.

tit, les Promenades, ou Terrasses soutenuës
sur des Arcades qu'il fit à Cnide sa patrie, passoient pour des ouvrages tres-considérables.
Mais il ne fit rien de si grand ni de si somptueux en aucun endroit, que le Phanal de
l'Isle de Pharos proche d'Alexandrie. Ptolomée luy donna la conduite générale de ce superbe Edifice qu'on regardoit comme une
des merveilles du monde. Strabon rapporte
cette Inscription qui s'y voyoit gravée de son
temps.

ΣΩΣΤΡΑΤΟΣ. ΚΝΙΔΙΟΣ. ΔΕΞΙΦΑ-
ΝΟΥΣ. ΘΕΟΙΣ. ΣΩΤΗΡΣΙΝ. ΥΠΕΡ.
ΤΩΝ. ΠΛΩΙΖΟΜΕΝΩΝ.

C'est-à-dire, *Sostratus de Cnide fils de Déxi-*
phanes, aux Dieux conservateurs, pour ceux
qui navigent sur Mer.

Quelques Auteurs ont crû que Sostratus avoit mis cette Inscription sans le consen-
tement de Ptolomée ; mais que pour empescher que ce Prince ne s'en apperceust, il la
couvrit de maçonnerie, sur laquelle il en gra-
va une autre qui tomba en poussiere quelques années aprés, & laissa voir celle qui
estoit cachée dessous.

Ce qui peut avoir donné lieu à cette opinion, qui est néanmoins tirée d'un Auteur

F iij

Vers l'an du
Monde 3715.
& 269. ans
avant J. C.

Lib. iv.

Lucian. Dial.
hist.

affez ancien, eft que le nom de Ptolomée ne
fe trouve point dans cette Infcription, & que
Softratus n'y eft pas défigné comme Archite-
&te, mais comme celuy qui auroit confacré
l'ouvrage. On répond à cela que Ptolomée
ayant par une grace extraordinaire, comme
d'autres Ecrivains l'affurent, permis à Softratus de graver fon nom fur le Phare, fans luy
prefcrire ni de quelle maniere, ni en quels
termes il vouloit qu'il le fift, Softratus crut
peut-eftre ne pouvoir mieux reconnoiftre cet-
té faveur fignalée qu'en traitant de Divini-
té le Prince de qui il l'avoit receûë, & en dé-
diant fon ouvrage non-feulement à ce Roy,
mais auffi à la Reine fa femme, & aux Princes qui devoient regner aprés luy, qu'il com-
prenoit tous fous ces mots de *Dieux confer-
vateurs :* épithete fi cherie des Rois Grecs,
que plufieurs en ont pris le furnom de *Soter.*
Quoy qu'il en foit, il eft certain que Strabon
ne paroift faire aucun doute que ce ne fuft du
confentement de Ptolomée que Softratus euft
mis l'Infcription qu'il a rapportée : au contraire, à confidérer la maniere dont il parle
de cét Archite&te, on eft perfuadé qu'il le
croyoît tres-digne de cette grace. Il l'appelle, comme on a déja dit, *L'Ami ou le Fa-*

Plin. l. 36.
c. 12.

vori des Rois : ce qui marque qu'il paſſoit dans l'eſprit de Ptolomée pour plus qu'un excellent Ouvrier.

Il ſemble qu'il n'eſt pas mal à propos de parler auſſi de quelques célebres Mathematiciens de ces temps-là, qui ont inventé, ou écrit des choſes qui regardent l'Architecture.

MENON & EUCTEMON peuvent eſtre mis au nombre des plus ſcavans de l'Antiquité : cependant on ſçait ſi peu de choſe de ce qui les regarde, qu'on ignoreroit meſme leurs noms, ſi Ammian Marcellin n'en avoit parlé. Architas de Tarente & Eudoxus de Cnide ont aquis une reputation plus connûë. Ils vivoient un peu avant le Regne d'Alexandre. ARCHITAS eſtoit Philoſophe Pythagoricien, & fils d'Heſtiæus, ſelon quelques-uns, ou de Mneſagoras, ſelon d'autres. Ce n'eſt pas icy le lieu de parler de ſa ſageſſe, de ſa valeur, ni du rang que ſa naiſſance & ſon mérite luy aquirent parmi les Tarentins, qui l'éleûrent juſques à ſept fois de ſuite pour gouverner leur Eſtat & conduire leurs Armées. Je remarqueray ſeulement que ce grand perſonnage fut le premier qui réduiſit la Méchanique en pratique ſur certains principes dont il établit des regles. Il démonſtra encore

MENON.
EUCTEMON.

Lib. 26.

ARCHITAS
DE TARENTE.
Diog. Laert.
l. 8.
Heſychius.
Strab. l. 6.
Plut. V. Marcell.
Vitr. l. 9 c. 8.

pluſieurs autres choſes utiles aux Sciences &
aux Arts ; & ce qui peut faire connoiſtre à
quel degré il poſſedoit la Méchanique, eſt une
petite Machine de bois qu'il fit en maniere de
Colombe, qui eſtoit compoſée de telle ſorte
qu'on la voyoit batre des ailes, ſe ſoutenir, &
s'élever en l'air. Il faut obſerver en paſſant
qu'il y a eû un autre A R C H I T A S Archite-
tecte, dont les Auteurs qui en ont parlé ne
nous apprennent rien, ſinon qu'il compoſa un
livre, qui ne ſe trouve plus.

Quant à E U D O X U S, il fut diſciple d'Ar-
chitas le Philoſophe & apprit de luy la Géo-
metrie & la Méchanique, dont il fit divers
Traitez, qui ſe voyoient parmi ſes autres ou-
vrages. Il eût une grande connoiſſance de la
Medecine, écrivit ſur l'Aſtrologie, & fit des
Loix, que ceux de Cnide receurent de luy.
Il mourut * en Egypte, où quelques - uns
veulent qu'il ait demeuré long-temps avec
Platon auprés des Preſtres d'Heliopolis, pour
apprendre & obſerver le mouvement des
Aſtres.

E U C L I D E S ſi connu par les Elemens de
Géometrie, & ſes autres ouvrages de Ma-
thematique qui nous ſont reſtez, vivoit
du temps de Ptolomée fils de Lagus. Il paſſa

une

Aul. Gell. l.
DO. C. 12.

ARCHITAS.

Diog. Laert.
l. 8. Vit. Ar-
chit. Tarent.

EUDOXUS
de CNIDE.
*Vers la 103.
Olymp.*
Strab. l. 14. &
17.
Diog. Laert.
l. 8.
Aul. Gell. l.
17. c. 21.
Plut. V. Mar-
cell.
Cic. l. 2. de
Divinat.
Vitr. mult.
loc.
* *Agé de 53.
ans.*

EUCLIDES.

Voſſius de U-
niverſæ Ma-
theſeos, &c.
c. 15.

une grande partie de sa vie à Alexandrie, & y établit une Ecole d'où sont sortis quantité de sçavans Mathematiciens qui ont parû dans cette grande ville, mesme depuis que les Sarasins s'en sont rendus les maistres.

Vers l'an du Monde 3666. & 318. ans avant J. C.

CTESIBIUS d'Alexandrie estoit en réputation sous le Regne de Ptolomée Evergetes. Quoy-qu'il fust d'une naissance médiocre, il ne laissa pas de posséder des qualitez, qui le firent considérer comme l'un des plus illustres hommes de son païs. Divers Auteurs ont parlé de son mérite. Mais il n'y en a point qui ayent autant contribué qu'Archimede & Vitruve à conserver l'estime qu'on en doit faire. Ce sont eux qui nous ont donné les descriptions éxactes de différentes Machines qu'il avoit inventées, comme de son Horloge d'eau, qui marquoit les heures & le cours du Soleil; de ses Orgues, qu'on faisoit joüer en comprimant l'air par le moyen de l'eau, ainsi qu'on le pratique encore quelquefois aujourd'huy; & enfin de sa Machine pour élever l'eau à une grande hauteur; & de plusieurs autres propres à divers usages, dont Ctesibius avoit luy-mesme composé un livre qui ne se voit plus. Athenée dit que la femme du mesme Ctesibius nommée Thaïs,

CTESIBIUS.

Vers l'an du Monde 3760. & 224. ans avant J. C.

Vitr. l. 10. c. 12.

Lib. 4.

G

avoit auſſi une connoiſſance fort particuliere des hydrauliques.

On pourroit devenir ennuyeux ſi l'on vouloit parler de tous ceux qui ont aidé à perfectionner les parties des Mathematiques, dont la connoiſſance eſt néceſſaire dans l'Architecture, puis qu'il n'y auroit gueres de Philoſophes, d'Aſtrologues fameux, & d'autres ſçavans hommes qu'il ne falluſt nommer, comme Platon, Ariſtote, Ariſtarchus, Eratoſthenes de Cyrene Bibliothequaire d'Alexandrie, Hypparchus de Nicée, Appollonius de Pergée, Philolaus de Tarente, Scopinas de Syracuſe, & une infinité d'autres qui ont inventé des moyens, & meſme des inſtrumens propres aux Arts & aux Sciences.

Pour finir donc ce que j'avois à dire des Mathematiciens Grecs, & me diſpenſer en meſme temps d'une digreſſion qu'il faudroit faire dans la ſuite au ſujet du célebre ARCHIMEDE, qui n'a paru que pluſieurs ſannées aprés le Regne de Ptoloméе Philadelphe; je diray qu'il eſtoit parent de Hieron Roy des Syracuſains, & que ce fut luy ſeul qui défendit pendant trois ans la Ville de Syracuſe contre toutes les forces des Romains, lors que Marcellus l'eût aſſiegée. Il eſt vray qu'aprés

Diog. Laert. Vitr. l. 1. c. 1. l. 9. c. 1. 2. 3. 4. 7. 9. Plin. l. 2. c. 24. Strab.

ARCHIMEDE.

Plut. V. Marcell. Tit. Liv. l. 24. c. 34.

ce temps-là Syracuse ayant esté surprise & emportée de force dans un temps où l'on ne se doutoit de rien, Archimede y fut tué. Marcellus qui avoit ordonné qu'on le sauvast, regreta sa perte d'autant plus qu'il avoit par sa propre expérience connu son rare mérite, & luy fit élever un tombeau, que Ciceron découvrit pendant qu'il estoit Questeur en Sicile. Il y avoit plusieurs Inscriptions, & au dessus une petite colonne avec la figure d'une Sphere & d'un Cylindre, pour marquer qu'Archimede avoit esté l'inventeur de ces deux Instrumens: car en effet ce fut luy qui représenta le premier sur un Globe de crystal tous les cercles qui divisent la Sphere.

Ce qui nous reste d'Archimede sont quelques écrits qui font connoistre combien il estoit sçavant dans la Geometrie & dans les Machines. On luy attribuë l'invention de la vis sans fin, si propre à lever des fardeaux d'une pesanteur extraordinaire; & l'on prétend que c'est de cét instrument dont il se servit pour éxécuter une partie des choses merveilleuses qu'on rapporte de luy, sur tout pour mettre en mer le superbe vaisseau appellé *Navis Syracusana*, & depuis *Navis Alexandrina*, que Hieron avoit fait construire par un

L'an du Monde 3772. 212. ans avant J. C. 544. ans aprés la fondation de Rome.
Tit. Liv. l. 25. c. 31.

Tusc. l. 5.

G ij

ARCHIAS. Architecte de Corinthe nommé ARCHIAS,
Lib. 5. ainsi qu'Athenée le remarque. Le mesme Auteur ajouste que tous les bois qu'on employa à ce bastiment avoient esté coupez dans les Gaules & dans la Grande Bretagne, d'où un
PHILEAS. Machiniste de Tauromene appellé P H I-L E A S, transporta à Syracuse l'arbre qui servit à faire le grand mats.

Archimede fut aussi l'inventeur d'une au-
Diod. Sic. l. 1. tre espece de vis avec laquelle on peut éle-
c. 3. ver les eaux à telle hauteur que l'on veut. Vi-
Lib. 9. c. 3. truve rapporte que le mesme Hieron fit faire une couronne d'or; & que soupçonnant l'Orfevre d'y avoir meslé de l'argent, Archimede, pour en connoistre la vérité, fit deux masses, l'une d'or, & l'autre d'argent, chacune de mesme poids que la couronne. Les ayant mises l'une aprés l'autre dans un vase plein d'eau, il connut que la masse d'argent occupoit plus de place, & faisoit sortir davantage d'eau du vase que celle d'or. Il mit ensuite la couronne d'or dans le mesme vase, & jugea par la quantité d'eau que cette couronne fit sortir, & la place qu'elle occupoit, la quantité d'argent que l'Orfevre y avoit fait entrer, & de l'or qu'il en avoit osté.

ATHENE'E. A T H E N E' E auteur d'un livre de machi-

chines de guerre qu'on imprime préfente-
ment au Louvre fur un manufcrit de la Bibliotheque du Roy, parut en mefme temps
qu'Archimede. Du moins Voffius & plufieurs autres perfonnes fçavantes font de ce
fentiment, & croyent que le livre fut d'abord
préfenté au Conful M. Marcellus vers l'année qu'il fe rendit maiftre de Syracufe.

Ptolomée Philopator Roy d'Egypte avoit
alors auprés de luy un fçavant Ingenieur appellé P H O E N I X, qui eftoit peut-eftre le mefme que j'ay dit avoir travaillé pour Ptolomée
Philadelphe. Ce qui donne lieu à cette conjecture eft, que comme Pline attribuë à un
nommé Phœnix, l'entreprife du canal qu'on
fit pour tranfporter l'éguille que Philadelphe
avoit ordonné d'élever dans Alexandrie, A-
thenée * dit auffi qu'un certain Phœnix, qui
eft celuy dont je parle maintenant, éxécuta un
pareil deffein pour mettre en mer une galere à
quarante rames par banc, que Philopator a-
voit fait conftruire. Je ne prétens rien décider
fur cela, non plus que fur la difficulté, fçavoir
fi le mot de Phœnix doit eftre pris icy pour
le nom propre de l'Ingenieur dont Athenée a
parlé, ou s'il marque feulement que cét Ingenieur eftoit de Phœnicie, comme quelques-

uns femblent l'interpreter. Je me contenteray donc de dire que le canal mentionné par
Athenée eftoit reveftu de pierre, & d'une
largeur convenable à celle de la galere qui
avoit 38. coudées fur 280. coudées de longueur, & qui paffoit pour la plus magnifique
qu'on euft veûë jufques alors.

Il eft difficile de rien dire de particulier des
autres Architectes Grecs qui vivoient du
temps de Ptolomée Philadelphe, & de ceux
qui parurent depuis jufques au temps des
Empereurs Romains, quoy-qu'on ne puiffe
pas douter qu'il n'y en ait eû quantité d'employez pendant un intervalle fi confidérable.
Il eft vray que l'Architecture a beaucoup perdu de fa beauté & de fon éclat, lors qu'il eft
furvenu de ces guerres funeftes qui ont ren-
verfé les Eftats où elle eftoit cultivée avec le
plus de foin. Et comme la beauté eft une des
parties qui donnent le plus de réputation aux
ouvrages & aux ouvriers, il ne faut pas s'é-
tonner fi les baftimens qu'on éleva en Grece depuis les premiers Ptolomées jufques au
temps des Cefars, eftant moins confidérables
que les premiers, font demeurez la plufpart
dans l'obfcurité avec les Architectes qui les
ont faits.

De sorte que si parmi les Grecs on ne trouve desormais que peu d'Architectes qui puissent tenir icy quelque rang, il faut voir ceux que l'on pourra découvrir parmi les autres nations. Quelques Historiens disent des choses extraordinaires des bastimens que les Ethiopiens, les Perses, & divers autres peuples d'Asie & d'Afrique ont faits en différens temps: mais l'on ignore les noms des Architectes que ces peuples ont eû parmi eux.

L'Italie est le lieu qui pourra nous en fournir. L'art de bastir y a presque aussitost esté connu que dans la Grece, s'il est vray que les Toscans n'eussent pas encore eû de commerce avec les Grecs, lors qu'ils inventerent la composition d'un ordre particulier, qui s'appelle encore aujourd'huy de leur nom. Le tombeau que Porsenna Roy d'Hetrurie se fit élever proche de Clusium pendant qu'il vivoit, marquoit la grande connoissance qu'on y avoit alors de cét art. Cét édifice estoit de pierre, & construit à peu prés de la mesme maniere que le Labyrinte basti par Dédale dans l'Isle de Crete, s'il estoit tel que Varon l'a décrit dans un passage que Pline rapporte. L. 36. c. 13.

Le premier Tarquin avoit un peu auparavant fait faire à Rome des travaux fort con-

Tit. Liv. l. 1.
Dyonif. Hali-
car. l. 3.

fidérables, car ce fut luy qui le premier environna cette ville d'une muraille de pierre, &
qui ordonna qu'on fift ces décharges & conduits foufterrains dont les reftes donnent encore aujourduy de l'admiration, & qui de
tout temps ont efté mis au nombre des plus
grands ouvrages que les Romains ayent faits.

Tit. Liv. l. 1.
Plut. V. Publ.
Dyonif. Hali-
car. l. 4.

Il jetta auffi les fondemens du Temple de Jupiter Capitolin, que fon fils Tarquin le Superbe acheva avec beaucoup de dépenfe, ayant
pour cela fait venir les meilleurs ouvriers
d'Hétrurie.

Aprés que les Tarquins eurent efté chaf-
fez de Rome, le peuple ayant aboli le gouvernement monarchique, & repris la fouveraine autorité, fit non-feulement achever les
édifices qui avoient efté commencez, mais
encore à mefure que ce mefme peuple étendoit les bornes de fon Eftat, & qu'il eût plus
de commerce avec les Grecs, il commença à
élever des baftimens plus fuperbes & plus
beaux. Car ce fut des Grecs que les Romains
apprirent l'excellence de l'Architecture : a-
vant cela leurs édifices n'avoient rien de recommandable que leur folidité & leur grandeur. De tous les ordres ils ne connoiffoient
que l'ordre Tofcan. Ils ignoroient quafi tout-

àà-fait la fculpture, & n'avoient pas mefme l'ufage du marbre: du moins ne fçavoient-ils ni le polir, ni en faire des colonnes, ou d'autres ouvrages, qui par leur éclat & l'excellence du travail fiffent paroiftre de la richeffe dans les lieux où ils pouvoient eftre employez. Mais auffitoft qu'ils eurent veû les édifices de la Grece, qu'ils eurent remarqué la beauté & la diverfité des ordres dont ils eftoient compofez, les ouvrages de fculpture qui les embelliffoient, & l'art dont on s'eftoit fervi pour faire paroiftre les couleurs naturelles des marbres ; ils imiterent cette façon de baftir fi riche & fi parfaite, ne fe fervant dans la fuite de l'ordre Tofcan que pour les édifices qui demandoient plus de folidité que de beauté.

COSSUTIUS citoyen Romain fut un des premiers qui baftit à la maniere des Grecs. Il s'aquit, felon Vitruve, une fi haute réputation, qu'Antiochus le Grand le choifit pour travailler au temple de Jupiter Olympien à Athenes, qui avoit efté commencé du temps de Pififtrate. Cét édifice eftoit d'ordre Corinthien, tout de marbre, & d'une grandeur qui le rendit auffi célebre que les plus fameux temples dont on a parlé. Cof-

H

Plut. V. Solon.

Pag. 644.
Inſcript. 1.

Heraclides
de Tarente.

Polyœn. Stra-
tag. l. 5.

lutius ne finit pas néanmoins ce temple. On continua d'y travailler du temps d'Augufte, & il refta encore quelques ouvrages qui furent achevez par l'ordre de l'Empereur Adrien.

Gruter rapporte des Infcriptions antiques, où il eft fait mention de quelques Coffutius qui femblent avoir auffi fait profeffion de l'architecture, principalement un CN. COSSUTIUS CALDUS qui mourut âgé de trente-cinq ans, & fon frere CN. COSSUTIUS AGATHANGELUS: car on a figuré fur leur tombeau divers inftrumens propres pour baftir, fçavoir des cifeaux à tailler la pierre, des maillets, des niveaux, des efquierres, des compas & des regles, fur l'une defquelles eft marqué l'ancien pied Romain avec fes divifions.

Vers le mefme temps que l'Architecte Coffutius dont parle Vitruve travailloit, HERACLIDES natif de Tarente, qui eftoit employé par Philippe pere de Perfée dernier Roy de Macedoine, s'aquit les bonnes graces de ce Prince. Ce fut luy qui feignant d'eftre mal fatisfait de Philippe, fe retira comme un fugitif dans la ville de Rhodes, ennemie des Macedoniens, où il trouva moyen de mettre le feu à une flotte confidérable qui eftoit dans le port de cette place.

HERMODORUS de Salamine, ou HER- HERMODO-
RUS.
MODUS, felon les Commentateurs de Vi-
truve, eftoit à Rome du temps de Metellus Vitr. l. 3. c. 1.
Vers l'an du
Monde 3880.
104. ans avant
J. C.
Numidicus, qui luy ordonna d'environner
de portiques le temple de Jupiter Stator.
Turnebe croit que ce fut cét Architecte qui
baftit le temple de Mars dans le Cirque de
Flaminius. C'eft peut-eftre auffi de ce mefme
Hermodorus dont Ciceron parle dans fon Lib. 1.
Orateur, comme d'un homme qui avoit une
connoiffance particuliere pour ce qui dépend
de la conftruction d'un port de mer.

Pline rapporte que deux Architectes La- Lib. 34. c. 5.
cedémoniens SAURUS & BATRACHUS SAURUS,
BATRACHUS.
baftirent quelques temples à leurs dépens
dans un endroit de la ville de Rome qu'Octa-
via fit depuis environner de galleries. Ne leur
ayant pas efté permis d'y graver leurs noms,
ils s'aviferent de les y marquer fous les figures d'un lézard & d'une grenouïlle, qu'ils
taillerent fur les piedeftaux de leurs colonnes,
d'autant qu'en Latin auffi-bien qu'en Grec,
les noms de ces deux infectes font les mefmes
que ceux de ces ouvriers.

C. MUTIUS fit par l'ordre de Marius C. MUTIUS.

H ij

*Vers l'an du
Monde 3 8 8 o.
& 1 0 4. ans
avant J. C.*

*Vitr. l. 3. c. 1.
& Préf. l. 7.*

quelques nouveaux ouvrages d'architecture au temple de l'Honneur & de la Vertu,
que Marcellus avoit fait baftir. Cét édifice
n'eftoit que de pierre ; mais d'un gouft fi excellent, que fi la richeffe de la matiere euft
égalé la beauté du travail, on auroit pû le
mettre au nombre des temples les plus fomptueux de l'antiquité, comme il eftoit l'un
des plus grands.

*Fulvius Urfi-
nus famil.
Rom.*

Il fe trouve des médailles antiques d'argent, qu'on croit avoir efté frapées à la mémoire de cét Architecte. Elles ont d'un cofté
deux teftes de profil, repréfentant l'honneur
& la vertu, comme il eft marqué par ces mots
abregez HO. VIRT. qui font auprés. De
l'autre cofté l'on voit un caducée & deux
femmes debout, dont l'une tient une corne
d'abondance, pour repréfenter l'Italie, & l'au-

*Efpece de poi-
gnard fans
pointe, fembla-
ble à celuy que
les Empereurs
portoient à
leur cofté.*

tre a le pied droit fur un globe, & un *parazo-
nium* dans fa main gauche, pour figurer la
ville de Rome. L'Infcription ne contient que
ces deux mots abregez, ITA. R O. mais on
voit dans l'éxergue cét autre mot CORDI.
qui a donné lieu de conjecturer que cette médaille avoit efté faite à la gloire de l'Architecte Mucius, parce que le furnom de Cordus
eftoit particulier à une des branches de la fa-

mille Mucia dont il eſtoit iſſu, & d'où deſcen-
dit auſſi le Triumvir Monetaire Cordus, qui
s'eſtima heureux d'avoir pour anceſtre l'Architecte d'un temple auſſi célebre que celuy
de l'Honneur & de la Vertu.

VALERIUS d'Oſtie, qui paſſoit pour un
des premiers Architectes & Ingénieurs de
ſon temps, fit pluſieurs ouvrages conſidérables, dont on ne ſçait aucune particularité.
Ce fut luy qui le premier trouva moyen de
couvrir l'amphithéatre, lors que Libo Edile
donna des jeux au Peuple Romain.

VALERIUS.
Plin. l. 36.
c. 15.

Voilà ce que les Anciens nous apprennent
des Architectes Romains qui ont travaillé
pendant le temps de la République. Il y a
lieu de s'étonner qu'il y en ait ſi peu dont
nous ayions connoiſſance, & que les Ecrivains
Latins, comme Vitruve, Pline & quelques
autres qui ont rapporté tout ce qu'il y a eû
d'illuſtres ouvriers parmi les Grecs, n'ayent
pas pris le meſme ſoin de marquer les noms
de ceux qui ſe ſont rendus recommandables
à Rome, & dans tous les autres lieux d'Italie : car il ne faut pas douter qu'il n'y en ait
eû un grand nombre de tres-excellens, ſoit
dans les derniers temps de la République, ſoit
ſous les premiers Empereurs. Il faut croire

qu’il y a eû beaucoup de livres perdus qui auroient pû donner de grandes lumieres fur ce
fujet. Il eft mefme parlé dans Vitruve de divers Auteurs, dont à peine les noms nous fe-
roient connus fans luy. Entre autres d’un
F U S S I T I U S, qui fut le premier des Romains
qui écrivit fur les proportions des ordres. Il
dit auffi que des fept livres que M. T E R E N-
T I U S V A R R O avoit compofez touchant
les fciences, & dont il ne nous refte que quelques fragmens répandus dans divers Auteurs,
il y en avoit un entier de l’Architecture ; &
qu’enfin un nommé P U B L I U S S È P T I-
M I U S écrivit deux livres fur la mefme matiere. Quintilien ajoufte que C O R N E L I U S
C E L S U S , quoy-que d’un génie fort médiocre, écrivit auffi fort bien fur diverfes parties de cét art, particulierement pour ce qui
regarde l’art militaire , dont il compofa un
tres-excellent livre.

　Pour fuppléer au defaut de tant d’Auteurs,
on a crû devoir recourir aux Infcriptions &
autres monumens antiques, où l’on a trouvé
les noms de divers Architectes, qu’on peut
bien dire n’eftre redevables du rang qu’ils
tiennent icy qu’à leur fortune : car pour leur
mérite, quelque grand ou médiocre qu’il ait

Préf. l. 7.

F U S S I T I U S.

M. T E R E N T.
V A R R O.
Quintilian.
Inftit. Orator.
l. 12. c. II.

P U B L I U S
S E P T I M I U S.
Inftit. Orator.
l. 12. c. II.
C O R N E L I U S
C E L S U S.

pû eftre, il ne nous eft pas plus connu que leurs ouvrages, dont on fçait fort peu de chofe, ou que l'on ignore mefme entierement.

On ne fçait dans quel temps vivoient ni ce qu'ont fait L. ANTIUS Romain, fils d'un autre Lucius de la tribu Palatine, & M. VALERIUS ARTEMA, Affranchi, tous deux Architectes. L. ANTIUS. Reinefius p. 616. Infcript. 23. M. VALERIUS. ARTEMA.

Mais avant que de s'engager à parler de quelques Architectes dont nous avons appris les noms dans des Infcriptions, il eft à propos de dire quelque chofe de certains Grecs qui fe font rendus célebres vers le temps de Jules Céfar.

NICOMEDES eft le plus ancien. Il eftoit de Theffalie. Mitridates Roy de Pont fe fervit long-temps de luy dans fes armées en qualité d'Ingénieur. On ne fçait rien de fort particulier de fes ouvrages, finon que ce fut luy qui fut l'inventeur des machines que Mitridates fit dreffer lors qu'il affiegea la ville des Ciziceniens. Plutarque loûë l'invention & le travail de ces machines : mais il dit, qu'elles ne « produifirent aucun effet, parce que la Déeffe « Minerve, protectrice des Ciziceniens, fit le- « ver un orage & des vents impetueux qui les « mirent en pieces. « NICOMEDES. Vers l'an du Monde 3890. & 94 ans avant J. C.

V. Luculli.

DEXIPHANES.
Tzetzes Chil.
2. hift. 33.

Vers l'an du
Monde 3936.
& 28. ans
avant J. C.

* C'eft à dire
un quart de
lieuë.

DEXIPHANES natif de l'ifle de Chi-
pre a paru depuis, & travailla en Egypte
pour la Reine Cleopatre. Il rétablit le Phare
d'Alexandrie, & le joignit au continent, qui
auparavant en eftoit éloigné de quatre fta-
des *. Pour récompenfe de ce travail Cleopatre luy donna une charge confidérable auprés de fa perfonne, & la conduite de tous
les baftimens qu'elle fit conftruire enfuite.

Quelques Antiquaires ont crû qu'il pouvoit y avoir eû dans ce temps-là deux autres
Architectes Grecs, appellez l'un MENAN-
DRE & l'autre DEMOPHON, parce que
ces noms fe trouvent fur le revers de diverfes
médailles faites du temps d'Augufte, qui ont
chacune un temple pour type. Goltzius donne les deffeins de deux de ces revers, fur l'un
defquels fe voit un temple d'ordre Dorique à
quatre colonnes, ayant une ftatuë de Jules Céfar dans l'entre-colonne du milieu, un *lituus,*
ou bafton augural, & un *fimpulum,* ou efpece de vafe dans les deux entre-colonnes des
coftez. Cette Infcription eft autour ΙΟΥΛΙΟΝ
ΘΕΩΝ ΜΕΝΑΝΔΡΟΣ ΠΑΡΡΑΣΙΟΥ.
Elle marque que ce temple a efté confacré
à Jules Céfar, & fait conjecturer à Goltzius
qu'un nommé Menandre, fils d'un Parrhafius,

MENANDRI
DEMOPHON.

en

en avoit esté l'architecte. Dans l'autre médaille, on voit d'un costé la teste d'Auguste
sous la figure de celle d'Apollon avec ces
mots: ΟΥΗΙΔΙΟΣ ΠΩΛΛΙΩΝ ΚΑΙΣΑΡΕΩΝ;
c'est à dire *Vedius Pollio*, (l'un des Duumvirs)
de Césarée; & sur le revers est un temple à
huit colonnes d'ordre Corinthien. Sous ce
temple est le signe du Capricorne avec ces
mots, ΜΕΝΑΝΔΡΟΣ ΠΑΡΡΑΣΙΟΥ.
Par toutes ces marques on peut juger que
ceux de Césarée firent bastir ce temple par
Ménandre fils de Parrhasius, en l'honneur
d'Auguste.

Quant à la médaille où se voit le nom de
Démophon, on la trouve parmi celles de
moyen & petit bronze que M. Patin a données au public. D'un costé il y a deux figures, dont l'une couronne l'autre; & autour
est cette Inscription, ΠΕΡΓΑΜΗΝΩΝ ΚΑΙ
ΣΑΡΔΙΑΝΩΝ, c'est à dire, *de ceux de Perga-* Villes de Lydie.
me & de Sardes. De l'autre costé est un tem-
ple d'ordre Corinthien à quatre colonnes, à
l'entrée duquel est une figure debout. Le mot
de ΣΕΒΑΣΤΟΝ est en haut, & en bas est celuy
de ΔΕΜΟΦΩΝ, dont l'un fait connoistre
que ce temple a esté consacré à Auguste, &
l'autre a donné lieu à M. Patin de conjectu-

rer que l'Architecte de ce temple se nommoit Démophon.

Si les conjectures de Goltzius & de M.
Patin sont bien fondées, on doit juger favorablement de ce Ménandre & de ce Démophon ; & croire qu'ils eûrent beaucoup de
part aux édifices qu'on bastit de leurs temps,
du moins dans les lieux où ont esté construits ces trois temples.

RECUEIL
HISTORIQUE
DE LA VIE
ET DES OUVRAGES
DES PLUS CELEBRES
ARCHITECTES.

LIVRE DEUXIEME.

IL est maintenant à propos de parler du plus célebre de tous les Architectes; je veux dire de VITRUVE, qui est cité par Frontin & par quantité d'Ecrivains modernes. Les Auteurs qui vivoient dans le mesme temps que luy, n'en ont point parlé; & l'on ignoreroit peut-estre jusques à son nom, si tous ses écrits eussent eû la mesme fortu-

VITRUVE.
Lib. 1. de
Aquæduct.

I ij

ne que tant d'autres livres qui ont esté composez, & qui ne sont point venus jusques à
nous.

Comme ce n'a esté que par ce qui est resté
de ses ouvrages qu'il est devenu recommandable, ce ne seroit aussi que de ce qu'il auroit
pû dire de luy qu'on eust sceû les particularitez de sa naissance & des occupations qu'il
a eûës pendant sa vie : mais comme il n'en
parle point, il est difficile d'en pouvoir rien
marquer icy de certain.

De ceux qui ont écrit sur Vitruve, les uns
croyent qu'il pouvoit estre né à Formia
petite ville de la Campanie, & les autres à
Fondi, autre ville située sur le chemin d'Appius, parce qu'il se trouve plusieurs Inscriptions de la famille Vitruvia aux environs de
ces deux villes.

On ne parle avec gueres plus de certitude du temps auquel il vivoit, ni du nombre
d'années qu'il a vécu : néanmoins il y a toute apparence qu'il dédia son livre à l'Empereur Auguste, & qu'il estoit pour lors fort
âgé, tant parce qu'il dit avoir connu C. Julius fils de Massinissa, & s'estre trouvé en
conversation avec luy, que parce qu'il se
plaint des incommoditez de la vieillesse dont

*Vers l'an du
Monde 3984.
& la 1. année
de J. C.*

L. 8. c. 4.

Préf. l. 2.

il eſtoit affligé lors qu'il travailloit à ſon li-vre.

C'a eſté par ſes ſeuls écrits, comme on a déja dit, qu'il s'eſt fait connoiſtre. Car on n'euſt pas ſceû qu'il euſt fait des baſtimens, s'il n'euſt luy - meſme donné la deſcription d'une Baſilique ou Palais de Juſtice, qu'il dit avoir conſtruite à Fano, & qui, à dire le vray, ne paroiſt pas avoir eſté un édifice aſſez conſidérable, pour prouver que ce fuſt luy qui baſtit le théâtre de Marcellus, comme ont prétendu quelques Ecrivains modernes, qui n'ont pas fait réfléxion que l'Architecte de ce théâtre a mis des denticules dans la corniche de l'ordre Dorique; ce qui eſt immédiatement oppoſé à la doctrine de Vitruve, qui condamne cét uſage, & qui enſeigne de ſe ſervir ſeulement de modillons dans cét ordre.

Auſſi y a-t-il apparence que Vitruve n'a gueres eû le temps de conduire de grands édifices, ayant preſque toûjours eſté dans les armées de l'Empereur, où il ſervoit en qualité d'Ingénieur, avec un MARCUS AU-RELIUS, un PUBL. MINIDIUS, ou NUMIDICUS, & un CN. CORNELIUS, de la famille duquel eſtoit peut-eſtre un Ar-

Préf. l. 1.

M. AURELIUS.
PUBL. MI-
NIDIUS.
CN. COR-
NELIUS.
P. CORNE-
LIUS.

I iij

P. Corne-
lius.
Pag. 59. Infcr.
9.

chitecte nommé P. CORNELIUS, fils de P. CORNELIUS THALLUS, & pere d'un autre P. CORNELIUS auffi Architecte, dont il eft parlé dans une Infcription rapportée par Gruter.

Quant aux mœurs de Vitruve, & aux qualitez de fon efprit, on peut dire que c'eft par où on le connoift mieux. Les hommes fe peignent eux-mefmes dans leurs ouvrages: ainfi il ne faut que lire le fien pour juger de fes bons fentimens, & des grandes connoiffances qu'il avoit aquifes, & pour eftre perfuadé qu'il fut luy-mefme cét Architecte dont il fait le portrait, quand il dit en plu-

Vitr. l. 1 c. 1.
Préf. l. 6.

fieurs endroits de fon livre : *Achitectus, magno animo, non arrogans, fed facilis, æquus, fidelis, & fine avaritia, non cupidus, neque in muneribus capiendis habens animum occupatum ; fed cum gravitate tueatur dignitatem, bonam famam habendo ; rogatus, non rogans fufcipiat curam.* C'eft à dire, qu'un Architecte doit pour ce qui regarde le réglement de fes mœurs, avoir l'ame grande, le cœur généreux, & fans arrogance : qu'il doit eftre doux, équitable, fidelle, fans avarice, fans cupidité, & fans intéreft; fouftenir fon rang avec gravité & avec honneur, & ne point

folliciter pour fe faire donner de l'employ ;
mais travailler à s'aquerir un mérite qui le
diftingue, & attendre qu'on le prie pour prendre le foin & la conduite d'un ouvrage.

Voilà ce que Vitruve dit des mœurs d'un
Architecte tel qu'il le fouhaite ; & voicy ce
qu'il remarque touchant les bonnes qualitez
qu'il defire en luy. *Architectum ingeniofum* Vitr. l. 1. c. 1.
effe opportet & ad difciplinam docilem : litera-
tus fit, peritus Graphidos, eruditus Geome-
triâ, & Optices non ignarus, inftructus arith-
meticâ, hiftorias complures noverit, philofophos
diligenter audiverit, muficam fciverit, me-
dicinæ non fit ignarus, refponfa Jurifconful-
rum noverit, aftrologiam cœlique rationes co-
gnitas habeat. C'eft à dire, que celuy qui
veut faire profeffion de l'architecture doit
avoir beaucoup de génie pour cét art, & une
grande docilité à recevoir les enfeignemens
qui luy font néceffaires : qu'il doit eftre verfé dans les belles lettres ; poffeder l'intelligence & la pratique du deffein ; fçavoir la
Géometrie, l'Optique & l'Arithmetique; eftre
inftruit de diverfes particularitez d'hiftoire ;
& enfin fçavoir la Philofophie, la Mufique, &
plufieurs chofes qui regardent la Médecine,
la Jurifprudence & l'Aftrologie.

Quoy-que Vitruve euſt aquis une notion aſſez étenduë de toutes ces ſciences, & qu'il recommande aux Architectes de s'en inſtruire, ce n'eſt pas à dire qu'elles leur ſoient toutes également néceſſaires, ni qu'ils ſoient obligez de les approfondir entierement : au contraire, le meſme Vitruve, en parlant de l'uſage que les Architectes peuvent faire de chacune de ces Sciences en particulier, marque expreſſément qu'il y en a dont il ſuffit d'avoir une legere teinture.

Mais pour finir ce que j'avois à dire de ce ſçavant homme, j'ajouſteray que l'ouvrage que l'on voit de luy eſt le ſeul Traité d'Architecture qui ſoit reſté des Auteurs anciens. Quelques-uns ont écrit qu'on a veû un autre livre compoſé par le meſme Vitruve, où il eſtoit parlé des figures hexagones, heptagones, & divers autres poligones, & que ce livre qui eſt préſentement inconnu, fut trouvé en l'année 1494. dans un Monaſtere ſitué ſur les montagnes des Alpes.

Il y a eû un autre Vitruve dont le nom ſe trouve gravé dans un ancien Arc de Triomphe qu'il baſtit à Veronne. Voicy l'Inſcription, L. VITRUVIUS L. L. CERDO

Raph. Volaterran. l. 4. Geograp.

Grut. pag.186. Inſcript. 4. Antiq. Veron. pag. 21. l. 2. L. VITRUvius CERDO.

DO ARCHITECTUS. C'est à dire; *Lucius Vitruvius Cerdo, Architecte affranchi d'un autre Lucius.* Quelques Auteurs, entre autres Alciat, prétendent que ce Vitruve affranchi est le mesme que celuy dont nous avons les écrits, lequel se nomme à la teste de ses ouvrages *M. Vitruvius Pollio.* Mais tout ce qu'ils disent pour appuyer leur sentiment est entierement détruit par la maniere dont est basti l'Arc de Triomphe dont Cerdo a esté l'Achitecte, puis que dans la corniche de cét Arc, qui est d'ordre Corinthien, il se trouve des modillons avec des denticules ; ce que Vitruve desapprouve trop pour qu'il en eust usé de la sorte.

Sous Auguste vivoit aussi un nommé P A- C O N I U S, qui réussit fort mal dans quelque entreprise qu'il fit, qui est la seule chose qu'on sçache de luy.

Un sçavant Mathematicien appellé MAN- L I U S, fit alors à Rome dans le Champ de Mars un cadran pour marquer le mouvement journalier & annuel du soleil. Pour cét effet il scella dans le pavé de la place des lames de cuivre, & en forma des lignes sur lesquelles, selon les regles de la Gnomonique, devoit tomber pendant le jour l'ombre d'une gran-

K

de obelifque qu'Augufte avoit fait dreffer, &
dont Manlius fe fervit comme d'un ftile. Ce
travail eût d'abord tout le fuccés qu'on en

Plin. l. 36.
c. 10.

» pouvoit efperer. Mais, foit que le foleil euft
» fouffert quelque mutation dans fon mouve-
» ment, ou que la terre euft changé de place,
» ou que les tremblemens & les inondations
» euffent caufé de l'alteration dans le terrain de
» Rome, du moins à l'endroit où eftoit l'ouvra-
» ge de Manlius qui occupoit toute l'étendue
» du champ de Mars : il eft certain que tren-
» te ans aprés que ce cadran fut achevé, on
» trouva une différence fort notable dans la
» maniere dont le foleil y avoit d'abord mar-
» qué fa courfe, & que l'ombre de l'obelifque
» ne parut plus tomber directement fur les li-
» gnes de cuivre comme elle avoit fait au com-
» mencement.

Au refte, je ne fçay point qui fut l'Ingenieur qui dreffa l'obelifque dont je viens de
parler : peut-eftre que Manlius eut quelque
part dans l'éxécution de ce deffein, quoy-que
Pline ne dife rien autre chofe finon que ce fut
ce Mathematicien qui attacha au fommet de
cette obelifque une éguille ou pointe dorée,
afin de marquer les heures avec plus de pré-
cifion & de jufteffe.

Il eſt parlé dans diverſes Inſcriptions anti- ques d'un Architecte & affranchi appellé C. POSTHUMIUS, qui avoit un affranchi au- prés de luy nommé L. COCCEIUS AU- CTUS auſſi Architecte. Cocceius fut plus ha- bile, ou plus heureux que ſon maiſtre, s'il eſt vray que ce ſoit de luy dont parle Strabon, qui dit qu'un Architecte de ce nom eût la conduite de divers ouvrages qu'Agrippa fit faire aux environs de Naples ; entre autres de ces paſſages ou chemins ſouſterrains, taillez la pluſpart dans les rochers qui s'étendent de- puis cette ville juſques à Puteole ou Pouzzo- le, & depuis le lac de Pouzzole, que les An- ciens appelloient l'Averne, juſques à Cumes. Ce qui fait croire que c'eſt de cét Architecte dont Strabon a voulu parler, eſt que l'une de ces Inſcriptions ſe trouve gravée dans Pouzzole meſme ſur le mur d'un ancien tem- ple qui ſubſiſte encore, & qui ſert mainte- nant d'égliſe dans le lieu où il eſt ſous le ti- tre de S. Procule. Cét édifice eſt de mar- bre blanc & d'ordre Corinthien. Scipion Mazzella dit qu'il eſtoit conſacré à Au- guſte, & pour preuve de cela rapporte cette Inſcription, CALPURNIUS L. F. TEMPLUM AUGUSTO CUM

K ij

Reineſius pag. 616. Inſc. 22. Grut. pag. 227. Inſc. 2. pag. 382. Inſc. 3. pag. 623. Inſcript. 1.

C. POSTHU- MIUS. L. COCCEIUS AUCTUS.

Lib. 5.

Antiqu. di Pozz.

ORNAMENTIS. D. D. *Calpur-nius fils de Lucius a dédié à Auguste ce Tem-ple & tous ses ornemens.*

Je croy avoir assez fait connoistre le sça-voir & le merite de l'Architecte Cocceius en marquant les magnifiques travaux qu'il a finis, & les noms des personnes illustres qui l'ont employé : je souhaiterois cependant pouvoir donner une instruction encore plus particuliere de ce qui le regarde. Mais n'ayant rien à ajouster à ce que j'en ay dit, j'observe-ray seulement que la qualité d'affranchi qu'il portoit, & qui est aussi attribuée à son mais-tre & à quelques autres Architectes qu'on a nommez ayant luy, ou dont on parlera cy-aprés, ne diminuë point l'estime que chacun d'eux a meritée, ni la considération qu'on doit avoir pour le bel art qu'ils ont cultivé. Car on sçait fort bien qu'il est sorti de tres-habiles hommes d'entre les esclaves aussi-bien que d'entre les personnes libres ; & à l'égard de l'Architecture, on n'ignore pas que l'une des plus grandes marques que les Grecs & les Romains ayent donnée de l'estime qu'ils en faisoient, est qu'ils affranchissoient tous ceux qui la cultivoient avec soin, & que mesme on honoroit du titre de Citoyéns Ro-

Sueton. V.
Jul. Cæf.

mains ceux qui contribuoient davantage à sa
perfection.

Le nombre des Architectes qui ont travaillé du temps d'Auguste a deû estre presque
infini, aussi-bien que la quantité d'édifices
qu'on bastit alors dans tous les lieux de son
Empire. Car la magnificence de ce Prince
ne se borna pas à changer la ville de Rome
de face, & à la mettre dans un si haut éclat
de splendeur par ses somptueux bastimens,
qu'il ait pû dire avec justice de luy-mesme,
Qu'il ne l'avoit trouvée que de brique, & qu'il Sueton. V.
la laissoit toute de marbre. L'amour qu'il eût Aug.
pour les grandes choses ; l'heureuse paix dont
toute la terre joüit sous ses auspices pendant
quarante ans ou environ ; les richesses extraordinaires dont il se vit le maistre ; l'em-
pressement & l'ardeur que chacun eût de luy
plaire, non seulement les personnes distin-
guées dans Rome par leur qualité, & par
les biens qu'ils possedoient, mais aussi tous les
Princes & les Rois tributaires ou alliez des
Romains : des conjonctures si favorables à
l'éxercice des arts & des Sciences, donnerent
moyen à l'Architecture de faire voir dans
tous les lieux où le nom d'Auguste estoit connu, ce qu'elle eût jamais de plus excellent.

K iij

Cét Empereur fit plus de baftimens en Ita-
lie qu'aucun de ceux qui avoient gouverné
la République avant luy. Outre un nombre
prefque infini de Temples, de Cirques, de
Théatres, & d'autres femblables édifices, il
fit conftruire ou rétablir des villes entieres ;
En Epire. entre autres la ville de *Nicopolis**, qu'il baftit
Sueton. V. proche d'*Actium*, en mémoire de la défaite
Aug. de Marc - Antoine. On refit par fon ordre
Sueton. V. tous les aqueducs, les ponts & les grands
Aug. chemins ; & il voulut bien prendre luy-mef-
Dion. l. 53. me le foin du chemin de *Flaminius* depuis
Rome jufques à Rimini. Plufieurs perfonnes
Patriciennes, Confulaires, ou qui avoient receû les honneurs du Triomphe, furent char-
gées de la conduite des autres chemins, & les
rétablirent à leurs dépens : les uns de leur
bon gré, pour contribuër de quelque chofe à
la gloire de l'Eftat ; mais d'autres véritablement malgré eux, confidérant peut- eftre,
comme un effet de la politique d'Augufte, les
Strab. l. 5. dépenfes extraordinaires où il les engageoit.
Plin. l. 36. c. 5.   L'Imperatrice, & les Princeffes fœurs &
filles de cét Empereur, prirent plaifir à élever
divers édifices, dont les reftes portent encore
leurs noms. Mais de toutes les perfonnes que
ce Prince cheriffoit le plus, il n'y en a point

qui ait fait d'auſſi grandes choſes que ſon
gendre M. Vipſanius Agrippa. On a parlé de ce qu'il fit aux environs de Naples. Le
Pantheon qu'il baſtit dans Rome, & qui ſubſiſte encore aujourd'huy, a toûjours paſſé
pour un ouvrage admirable; de meſme que
ſes Thermes ou bains publics, ſes aqueducs,
& les chemins militaires qu'il dreſſa au nom
d'Auguſte en différens endroits de l'Italie &
des Gaules.

Agrippa fit faire encore quantité d'édifices
dans pluſieurs autres Provinces, où les Gouverneurs prenoient ſoin non ſeulement de
rétablir ce qui avoit eſté ruiné dans les dernieres guerres, mais auſſi d'embellir par de
nouveaux ouvrages tous les lieux de leur
Gouvernement, ſçachant bien que c'eſtoit le
moyen de plaire à Auguſte, & à ceux que
ce Prince honoroit plus particulierement de
ſa faveur. Ainſi dans pluſieurs villes de Grece
on vit renaiſtre la ſplendeur qu'elles avoient
eûë autrefois par la ſomptuoſité de leurs baſtimens.

Des nations meſmes qui juſques alors
avoient preſque ignoré les beaux Arts, aquirent une nótion ſuffiſante de l'Architecture
par le moyen des Colonies Romaines que

Plin. l. 34.
c. 3. 7.
Lib. 35. c. 4.
Lib. 36. c. 5.
15. 25.
Sueton. V.
Aug.
Strab. l. 5.

l’Empereur envoya, pour repeupler & fortifier leurs villes, ou pour en baftir de nouvelles, comme en Efpagne *Augufta Emerita*,
& plufieurs autres en Affrique, en Afie &
dans la Germanie.

Quoy-qu’on ne puiffe pas dire qu’il y euft
perfonne dans ces temps-là qui fift une auffi
grande dépenfe en baftimens qu’Augufte &
Agrippa : il faut néanmoins demeurer d’ac-
cord qu’Herodes le Grand, Roy de Judée, ne
témoigna pas moins de paffion pour l’Architecture. Ce Prince, dont la valeur, la générofité & la magnificence le firent autant aimer
des Romains & des Etrangers, que l’injuftice
avec laquelle il avoit ufurpé la fouveraine
autorité, fa cruauté envers fes fujets & fa
propre famille, & fes impiétez luy attirerent l’averfion des Juifs, fit faire des ouvrages d’une grandeur & d’une fomptuofité
furprenante. On ne peut lire fans admiration ce que Jofephe en a écrit, puis qu’il paroift que ce Roy a plus fait luy feul que tous
les autres Rois de fon temps. Il baftit quantité de Palais & de Chafteaux également confidérables par leur grandeur & par leur richeffe, eftant la plufpart tout de marbre par
dehors, & reveftus de matieres encore plus

pré-

précieufes par dedans ; entre autres ce fuperbe Palais qu'il fit baftir à l'endroit le plus élevé de Jérufalem , dans lequel il y avoit des
appartemens pour Augufte & Agrippa, où
l'or & les pierreries brilloient de tous coftez.
Il fit conftruire plufieurs grandes villes, comme celle d'Antipatride , à l'honneur de fon *Dans la Ju-dée.*
pere Antipater, & celle de Phazaele, en mé-
moire de fon frere qui fe nommoit Phazael,
& qui s'eftoit tué lors qu'il fut pris par les
Parthes.

Sebafte & Céfarée, qu'il confacra à la gloire d'Augufte, pafferent pour deux des plus
confidérables villes qu'on connuft alors. Sebafte n'eftoit autre que Samarie, que ce Roy
rebaftit dés les fondemens, & à qui il fit
changer de nom, pour luy donner celuy de
l'Empereur; car *Sebafte*, ou ΣΕΒΑΣΤΟΣ
en Grec, fignifie Augufte. Pour Céfarée, ce *Appellée à pre-fent Caifar, dans la Pa-leftine.*
fut une ville toute nouvelle qu'on éleva en
Phenicie dans un lieu maritime nommé *la
Tour de Straton.*

Herodes n'épargna rien pour rendre ces
deux villes célebres. Il les fortifia de murs
& de tours ; y baftit une infinité de belles
maifons toutes de pierre ; y fit faire plufieurs
Palais de marbre, des Théatres, des Amphi-

L

théatres, & des places richement ornées, &
si spacieuses, qu'il y en avoit une dans Sebaste qui contenoit un stade & demi. Outre
cela il y avoit dans ces deux Villes quantité de conduits souterrains voutez de pierre ;
les uns, pour distribuer l'eau des fontaines ;
& les autres, pour tenir les ruës nettes : sur
tout à Césarée, où plusieurs de ces conduits
servoient non seulement à jetter les immon-
dices hors la ville, mais aussi pour recevoir
les flots de la mer, qui de temps en temps entroient dans la place, & la tenoient toûjours
dans une grande netteté. Il y avoit dans cette
mesme Ville un port semblable à celuy de
Pirée. Il estoit fait en forme de croissant, & de
mesme que ce fameux port des Atheniens,
environné d'un Arsenal magnifique pour
mettre les marchandises à couvert, & y construire les vaisseaux.

Cependant, ces deux grands ouvrages
qu'Herodes fit pour immortaliser son nom,
ne furent pas ce qu'il entreprit de plus considérable. Il surpassa dans la réédification du
Temple de Jérusalem tout ce qu'il avoit fait
jusques alors de plus magnifique & de plus
grand.

Les équipages & les materiaux qu'on pré-

para d'abord par son ordre, donnerent de l'é-
tonnement aux Juifs, qui ne s'attendoient
à rien moins qu'à cette entreprise dont ils
croyoient l'éxécution presque impossible.
L'on démolit l'ancien Temple que Zorobabel
avoit fait bastir du temps de Darius, sur les
fondemens de celuy de Salomon ; & aussitost
aprés l'on vit le nouveau Temple s'élever
avec une diligence & une somptuosité qui
surprit tout le monde. Le corps principal de
cét édifice, où personne ne pouvoit entrer
que les Sacrificateurs, fut, par le soin & le
travail de ces mesmes Sacrificateurs, basti
dans l'espace de dix-huit mois. Cét endroit
avoit cent coudées de longueur & six-vingts
coudées de hauteur, ainsi que du temps de
Salomon, au lieu que Zorobabel ne l'avoit
fait que de soixante coudées de large, & autant de haut.

Les portiques du Temple, les galleries qui
l'environnoient, la terrasse que l'on fit pour
élargir le haut de la montagne, & pour contenir ces divers édifices, la muraille qui sous-
tenoit cette terrasse, & dont la montagne es-
carpée de tous costez estoit revestuë dans
toute sa hauteur ; enfin tous ces différens travaux furent achevez en huit ans avec une

Joseph. l. 15.
c. 14.

L ij

magnificence merveilleuſe.

Pour juger quelle pouvoit eſtre leur grandeur & leur beauté, il ſuffit de ſçavoir de
quelle maniere Herodes fit conſtruire les
Galleries qui eſtoient détachées du Temple.
Un mur de pierre & quatre rangs de colonnes d'ordre Corinthien de neuf pieds de dia-
metre chacune, ſouſtenoient cét édifice, &
formoient trois différens corridors. Ceux des
coſtez avoient chacun trente pieds de largeur
ſur cinquante pieds de hauteur, & celuy du
milieu eſtoit la moitié plus large & deux fois
auſſi haut que chacun des deux autres. Le
lambris de ces galleries eſtoit orné de pluſieurs figures, & travaillé avec beaucoup
d'art, ainſi que les colonnes, les entablemens,
& les autres parties de cét ouvrage, où toutes les regles de l'Architecture eſtoient ſça-
vamment obſervées.

Herodes, pour finir une ſi grande entrepriſe, employa pendant le temps que j'ay marqué dix mille Ouvriers, outre mille Sacrificateurs qu'il établit pour les conduire. On peut
par cette particularité juger de la connoiſſance que les Juifs avoient de l'Architecture, &
que c'eſtoient les Preſtres de la Loy qui excelloient parmi eux dans cét art, puis que

Josephe dit expressément que les mille Sa- «
crificateurs qu'Herodes choisit estoient les «
plus intelligens dans les Arts de Maçonnerie «
& de Charpenterie.   «

La passion extraordinaire qu'Herodes eût
pour les bastimens s'étendit jusques dans les
pais étrangers. Car ce fut luy qui fit repaver
Antioche, & environner de galleries la principale place de cette ville. Il contribua par ses
largesses à augmenter la somptuosité de Nicopolis qu'Auguste fit bastir prés d'Actium.
Et peut-estre fut-il aussi du nombre des Rois
tributaires à l'Empire Romain qui entreprirent d'achever alors à Athenes le Temple de
Jupiter Olympien, pour le consacrer au génie Suet. V. Aug.
d'Auguste. Du moins luy vit-on élever plu-
sieurs Temples tous de marbre à l'honneur de *A Sebaste, à*
ce Prince. Il prétendit excuser cette impieté   *Césarée, &*
& ces sacrileges par la necessité où il estoit   *autres lieux.*
de plaire à l'Empereur : mais il parut bien que
ce qui le portoit davantage à faire ces ouvrages si contraires à la loy de Dieu & aux
mœurs des Juifs, n'estoit autre que le desir
déreglé qu'il eût de s'ériger par là autant de
divers monumens pour perpétuer sa mémoire. Car il ne se contenta pas de faire tous ces
grands bastimens à l'honneur d'Auguste, il

                    L iij

éleva mefme des Temples aux Dieux des Gentils. Ce fut luy qui donna de quoy rebaftir à Rhodes le temple d'Apollon Pythien. Il fit un fond confidérable pour les Sacrifices & pour les Jeux qu'on célebroit à Olympie, inftitua de femblables Jeux dans Céfarée, & mefme dans Jérufalem, où il fit conftruire un Theatre, un Amphitheatre, & des lieux propres pour la mufique, le faut, la courfe, la lute, les combats d'hommes & de beftes, & autres femblables éxercices ou fpectacles recommandables chez les Gentils, mais la plufpart en éxécration parmi les Juifs.

Ses fils Archelaüs, Hérodes & Philippe Tetrarques de Judée firent faire auffi quelques édifices confidérables. Philippe, qui n'eut ni la cruauté ni l'impiété de fes freres, embellit Panéade, & la nomma Céfarée. Il augmenta Bethfaïde, qu'il appella Juliade, en l'honneur de Julie fille d'Augufte. Herodes ferma Sephoris de murailles, & en fit la capitale de Galilée, fortifia Beratamphtha, qu'il nomma auffi Juliade; & fous l'Empire de Tibere baftit une nouvelle ville, qu'il appella Tiberiade du nom de cét Empereur. Pour Archelaüs il n'eût que le temps d'achever le Palais de Jéricho, qu'il rendit tres-fuperbe.

Car Augufte l'envoya en éxil *, & le dépouïl- * A Vienne en Dauphiné.
la de fon Eftat, à caufe des injuftices qu'il
éxerçoit fur fes fujets. Ainfi tout ce que firent
ces trois Princes n'approcha pas des ouvrages de leur pere, qui s'aquit pendant fa vie
l'eftime d'Augufte, l'amitié d'Agrippa, la
bienveillance des Romains & des Grecs, &
mefme l'admiration des Juifs, aufquels il
donna plufieurs marques de fa libéralité dans
le temps qu'il faifoit toutes ces dépenfes.

Ce fut pour faire fa cour à Augufte que le Strab. l. 17. Plin. l. 5. c. 11.
jeune Juba Roy de Mauritanie fortifia & re-
fit le port d'Iol *, qu'il nomma Céfarée. Il * On l'appelle aujourd'huy Alger.
choifit cette ville pour fa demeure ordinaire,
parce que la ville de Zara & le Palais que Vitr. l. 8. c. 4.
Juba fon pere avoit baftis, furent entierement
ruinez par les Romains.

L'on pourroit nommer encore plufieurs
Rois qui tafcherent d'imiter la magnificence
qu'Augufte fit paroiftre dans fes baftimens:
mais il fuffit qu'on fçache en général la dé-
pendance où eftoient les Rois tributaires,
& qu'on connoiffe qu'il n'y en eût pas un
feul qui pour s'aquerir les bonnes graces de
l'Empereur ne fift au moins élever quelque
édifice confidérable à l'honneur de ce Prince, ou de ceux de fa famille. Cependant on

ne ſçait point les noms de tous les Architectes qui ont travaillé pour tant de Rois, & meſme de ceux qui ont eſté employez par Auguſte*, puis qu'outre ceux dont on a parlé il eſt difficile d'en nommer d'autres qu'un C. JULIUS POSPHORUS fils de Lucifer, & un C. LI-CINIUS ALEXANDER. Il y eut auſſi alors un Lucinius Mathematicien, qui, ſelon Vitruve, blaſma fort à propos la licence qu'un Peintre d'Alabanda nommé Apaturius, avoit priſe dans une ſcene ou décoration de Théatre, où il feignit des figures d'hommes, de femmes & de centaures ſouſtenant des entablemens & des combles d'une maniere contraire à la raiſon & à la bonne architecture.

SEXTUS POMPEIUS AGASIUS, Architecte dont il eſt fait mention dans quelques Inſcriptions antiques, ainſi que des deux que l'on vient de nommer, baſtit à Rome un petit édifice pendant le Conſulat de Germanicus Céſar & de Fonteïus.

Il y eût ſous Tibere un autre Architecte qui fit des choſes qui donnerent de l'étonnement aux Romains. Il redreſſa un Arc de triomphe qui penchoit d'un coſté, & le rétablit dans ſon premier eſtat. On dit qu'il trouva encore le ſecret de rendre le verre

mal-

Décedé la 14. année aprés la Naiſſance de J. C.

C. JULIUS POSPHORUS. Grut. pag. 594. Inſc. 4.
C. LICINIUS ALEXANDER. Grut. pag. 623. Inſc. 3.
Lib. 7. c. 5.

POMPEIUS AGASIUS. Grut. pag. 623. Inſc. 3.

L'an 764. de la fondation de Rome, 10. ans aprés la Naiſſance de J. C.

Xiphil. V. Tiber.

malleable, & que Tibere jaloux de la gloire que cét ouvrier alloit aquerir par une invention si utile & si excellente le fit mourir, *Vers l'an 37.*
& empescha mesme que son nom & son se- *de J. C.*
cret ne passassent à la posterité.

Cette particularité fait assez connoistre le
peu de soin que cét Empereur eut de cultiver les Arts. Aussi pendant tout son empire il ne bastit que le Temple d'Auguste, & *Xiphil. v.*
mesme son avarice l'empescha de l'achever *Tiber.*
entierement : du moins il n'en fit pas la dédi- *Sueton. v.*
cace ; car ce fut son successeur Caius Caligu- *Tiber. c. 47.*
la qui aimoit avec autant de passion les bas- *Corn. Tacit.*
timens, que Tibere avoit eû d'aversion à y *Annal. l. 6.*
faire de la dépense. *791.*

Mais d'un autre costé Caligula employa
fort mal à propos les sommes extraordinaires qu'il consomma à bastir. De tous les ouvrages qu'il entreprit, il n'y en eût point de
plus considérables par leur grandeur que le
dessein qu'il éxécuta vainement pour couper *Plin. l. 4. c. 4.*
l'Isthme de Corinthe, & que le pont qu'il fit
faire sur la mer, & dont on voit encore quel- *L'an 39. de*
ques restes en Italie prés de Pouzzole. Ce *J. C.*
pont avoit une lieuë & demie de longueur, *Sext. Aurel.*
traversant une maniere de Golphe qui est en- *Victor. v.*
tre Pouzzole & Baules, & n'estoit presque *Calig.*

Xiphil. V.
Calig. c. 9.
10.

d'aucun ufage. Auffi Caligula ne l'avoit fait
faire qu'afin de pouvoir aller à cheval fur la
» mer, & triompher, difoit-il, de cét élement
» avec plus de gloire que Darius ni Xerxés.

Cét Empereur fit encore élever plufieurs
Temples où il fe fit rendre des honneurs di-
Plin. l. 36.
c. 15.
vins, & accrut fon Palais dans Rome de telle forte que la Ville en fut incommodée.

On doit eftimer autrement les édifices que
V. Claud. c.
20.
l'Empereur Claude fit conftruire. Car bien
» que Suetone ait écrit, qu'ils eftoient plus re-
» commandables par la difficulté & la grandeur du travail que par leur utilité, il faut
néanmoins convenir de l'avantage qu'on receût dans Rome des aqueducs qu'il rétablit,
& de ceux qu'il fit faire, & de l'utilité dont
joüïrent les habitans des environs du lac que
Appellé main-
tenant Lac de
Celano.
les Anciens nommoient *Lacus Fufcinus*, qu'il
fit deffecher par le moyen d'un canal qu'on
perça au travers des montagnes ; ce qu'Augufte n'avoit ofé entreprendre. Et l'on doit
avoüër que le deffein de la conftruction du
port d'Oftie, que Jules Céfar avoit entrepris
inutilement, & qui fut encore éxécuté fous
l'Empire de Claude avec un heureux fuccés,
& une magnificence digne de la grandeur
Romaine, aquit moins de loüange à cét Em-

pereur par fa fomptuofité que par la commodité qu'il apporta aux Romains, puis que jufques alors il n'y avoit eû vers l'embouchûre du Tibre aucun lieu où les vaiffeaux qui venoient d'Afie & d'Afrique chargez de bleds puffent aborder, & demeurer en feûreté: ce qui caufoit fouvent à Rome & dans toute l'Italie une famine extrême.

Si Suetone a trouvé à redire aux ouvrages de Claude, à caufe feulement de la difficulté qu'on eût à en venir à bout, & des fommes immenfes qu'on employa pour rompre les obftacles que la nature y avoit formez: que doit-on penfer de ceux de Neron? La prodigalité de ce Prince dans fes baftimens furpaffa de beaucoup celle de Caligula; & l'on peut dire cependant que fes édifices furent encore moins utiles, & plus à charge au public que ceux de Caïus. Chacun fçait le mauvais fuccés qu'il eût, ainfi que Caligula, pour achever de couper l'Ifthme de Corinthe.

Le nouveau Palais, appellé la Maifon dorée, qu'il fit élever dans Rome, & qu'il joignit à l'ancien Palais, fut un travail odieux. Cét édifice furpaffoit tout ce qui fe voyoit alors de plus grand & de plus fuperbe dans

M ij

l'Italie. Pour en connoiſtre l'étenduë & la diſpoſition, dit Suetone, il faut ſeulement ſçavoir que la cour où ſe voyoit la Statuë coloſſale de Neron, eſtoit ornée de portiques à trois rangs d'un mille de longueur chacun.

Les jardins eſtoient auſſi d'une grandeur prodigieuſe. Il y avoit un eſtang qui ſembloit une mer; & autour de cét eſtang quantité d'édifices, qu'on auroit pris pour des villes. On y voyoit outre cela des terres labourables, des lieux plantez de vignes, des prairies, & pluſieurs bois remplis de diverſes ſortes de beſtes domeſtiques & ſauvages.

Mais le principal corps du Palais eſtoit conſtruit & embelli avec une ſomptuoſité ſurprenante. L'or, les perles, les pierreries, & d'autres matieres précieuſes y brilloient de toutes parts, & faiſoient connoiſtre la profuſion du Prince qui l'habitoit, autant que les eſſences & les parfums répandus en quantité d'endroits, témoignoient ſon extrême moleſſe.

Ce Palais, où le luxe & la diſſolution eurent plus de part qu'une véritable magnificence, n'avoit rien que de deſagreable aux Romains. Car pour l'étendre de la maniere qu'on a remarqué, Neron fit abbatre avec

V. Neron. c. 31.

des violences & des injustices extraordinaires, tout le plus beau quartier de Rome, &
acheva presque de ruiner par ce moyen le peu
qui estoit resté de cette Ville aprés l'incendie
dont il avoit esté l'auteur peu de temps auparavant, lors que par une fureur inoüie il *L'an 64. de J. C.*
rascha de faire perir son Estat avec luy, pour
se rendre, disoit-il, comparable au Roy Priam, *Suet. V. Ne-ron. c. 38.*
qu'il estimoit heureux d'avoir fini ses jours
au milieu des flâmes qui embraserent la ville *Xiphil. in Dion. V. Ne-ron. c. 23.*
de Troye.

Neron fit élever plusieurs autres édifices,
qui la pluspart ne causerent pas moins de
perte à ses sujets que sa Maison dorée. Car
ayant dissipé tout le fonds du tresor que son
predecesseur avoit laissé, & ne luy restant pas *Suet. V. Ne-ron. c. 32.*
mesme de quoy payer ses troupes, il commit
une infinité de véxations & de cruautez,
pour subvenir à ces dépenses, & continuër
ses profusions.

Aussi tous les ouvrages de cét Empereur
périrent presque aussitost que luy, sur tout
sa Maison dorée, dont il ne reste maintenant
aucun vestige considérable. Une partie de ce
Palais fut ruinée pendant les guerres qui suivirent la mort de Neron, sous les Empereurs
Galba, Othon & Vitellius. Vespasien rendit

M iij

au Peuple le Quartier qu'on luy avoit ofté, & fit élever dans le lieu où eftoit l'eftang, l'Amphitéatre qu'on connoift encore aujourd'huy à Rome fous le nom de Colifée. Titus ordonna enfuite que dans un autre endroit du mefme Palais on baftift des Thermes ou Bains fous fon nom, & d'autres édifices pour le public.

La magnificence de ces deux derniers Empereurs eft comparable à celle d'Augufte dont ils ont imité les grandes actions. Comme ils eûrent toûjours le bien & la gloire de leur Eftat pour objet dans tous leurs deffeins, & qu'ils n'employerent que tres - fagement les revenus de l'Empire, ils firent des ouvrages d'une fomptuofité merveilleufe, fans ceffer toutefois de donner des fecours à leurs peuples au-delà mefme de leurs befoins. Ils rebaftirent prefque entierement par deux fois la ville de Rome. La premiere fois Vefpafien fit refaire ce qui avoit efté détruit fous fes Prédeceffeurs, & ordonna qu'on élevaft quantité d'édifices nouveaux ; entre autres le magnifique Temple de la Paix, dont on voit encore quelques reftes dans Rome.

Aprés qu'il eût quafi rétabli cette grande Ville, & que Titus eût achevé ce que fon

pere avoit laiſſé à faire aprés ſa mort, il arriva
ſous l'Empire de ce Prince un incendie qui
dura troisjours & trois nuits, & dont on n'a
jamais connu d'autre cauſe, ſinon qu'on crut
voir ſortir de terre des feux, & cela dans le
temps de l'embraſement qui s'excita auſſi au
Mont Veſuve. Cét incendie conſomma preſque tous les plus beaux édifices de Rome.
Mais cette perte fut bientoſt réparée par les
ſoins & les libéralitez de Titus, qui en cette
occaſion & en pluſieurs autres, donna tant de
marques de ſa bonté & de ſa tendreſſe envers ſes peuples, qu'on le ſurnomma les Dé-
lices & l'amour du genre humain.

  Voilà de quelle maniere les Hiſtoriens parlent des baſtimens de tous les Empereurs que
l'on vient de nommer, dont ils eſtiment les
ouvrages ſelon l'utilité ou le dommage que
le public en recevoit; & faiſant une différence tres-judicieuſe de l'intention ſage ou
indiſcrete de ces Princes d'avec ce qui regarde la ſcience des Architectes, ils admirent la
beauté, la richeſſe & la grandeur de tous ces
édifices, & en font des deſcriptions tres-am-
ples & tres-belles. Cependant ils ne nous apprennent aucune choſe des ouvriers qui les
ont baſtis: de ſorte qu'on ne ſçait pas meſme

L'an 80. de
J. C.

Suet. V. Tit.
c. 8.

Sext. Aurel.
Vict. V. Tit.

les noms de ceux qui avoient alors plus de réputation.

Gruter rapporte plusieurs Inscriptions faites pour des Architectes que l'on ne connoist
que par ces monumens antiques , mais qui
pourroient avoir vécu sous les regnes des
Empereurs dont on vient de parler, ou peu
de temps aprés eux.

Dans l'une de ces Inscriptions il est fait
mention d'un nommé TI. * CLAUDIUS
VITALIS Architecte & affranchi, qui mourut âgé de quarante ans. Dans un autre qu'il
dit avoir esté trouvé à Nismes, on n'y voit
que ces mots, PHILIPPUS ARCHI-
TECTUS. MAXIMUS. HIC.
SITUS. EST. C'est à dire, PHILIPPE
tres-excellent Architecte repose en ce lieu.

Vers l'embouchûre de la riviere de Co-
rumne en Portugal, il y a un rocher qui s'é-
leve fort haut audessus de l'eau, sur lequel est
construit un Phare ou Phanal. Contre ce rocher est gravé le nom d'un ancien Architecte
appellé C. SEVIUS LUPUS, fils d'un An-
nius ou Aurelius. Voicy l'Inscription entiere, MARTI. AUG. SACR. C. * SE-
VIUS LUPUS ARCHITECTUS.
A. F. DANIENSIS. LUSITANUS.
EX.

E X. V. P. Elle marque que ce lieu eſtoit
conſacré à Mars Auguſte, ſoit que Lupus y
euſt baſti un Temple à l'honneur d'Auguſte,
ou de quelque autre Empereur Romain ſous
le nom du Dieu Mars, ſoit que ce fuſt quelque autre maniere d'édifice qu'il conſacra
de la ſorte.

L'Inſcription qui ſe voit à Tarragone en
Eſpagne, & qui eſt conceuë en ces termes :
TEMPLUM DIANÆ MATRI. D.
D. APULEIUS. ARCHITECTUS.
SUBSTRUXIT : fait connoiſtre qu'il y
eût en ce païs un Architecte nommé A P U-
L E ï U S, lequel éleva un Temple conſacré à
Diane Mere, ou peut-eſtre à quelque Impéra-
trice ſous ce nom.

Il ſeroit ennuyeux de rapporter icy un plus
grand nombre d'Inſcriptions, qui la pluſpart
n'apprennent rien de conſidérable ni de certain, que le nom de ceux dont elles font
mention. Parlons pluſtoſt de quelques Architectes célebres, que les Auteurs diſent
avoir eſté en vogue aprés la mort de Titus.

R A B I R I U S paſſe pour le plus ſçavant de
tous ceux qui ont eſté employez par Domitien. Martial en a parlé avec une eſtime ſi
particuliere, qu'on ne doute pas que cét Ar-

Grut. pag. 41.
Inſcript. 5.

Apulēïus.

Rabirius.

L. 7. Epigr. 55.
& l. 10. Epigr.
71.

N

chitecte n'ait eû part à tous les Ouvrages
confidérables que l'on fit de fon temps, & dit
que ce fut luy qui baftit le Palais de Domitien.

Cét édifice dont on voit encore des reftes,
eftoit d'une compofition d'Architecture tres-
excellente; & fi l'on y trouva quelque chofe à redire, ce ne fut point dans ce qui regardoit la fcience de l'ouvrier, mais en ce qui
dépendoit de la volonté du Prince. La vani-
té de Domitien qu'on remarquoit jufques
dans les Edifices qu'il fit élever à l'honneur
des Divinitez qu'il révéroit le plus; fa paffion
déréglée pour les richeffes, qui a donné lieu
de le comparer au Roy Midas, qui vouloit
que tout ce qu'il touchoit fuft converti en
or; fes profufions, qui ruinerent une partie de fes fujets, & cauferent la mort à tant
d'honneftes gens qu'il fit tuer pour avoir
leurs biens; enfin les autres vices de cét Empereur, qui égalerent ou furpafferent mefme
ceux de Caligula & de Neron, font caufe
qu'on ne peut entendre parler de fes Ouvrages, fans avoir de luy une jufte horreur.

Cependant, fi fans faire réflexion aux violences & aux cruautez que Domitien commit pour fubvenir à fes dépenfes, l'on con-

Plut. V. Pu-
blic.

fidéroit fes Baftimens feulement en eux-
mefmes, on feroit furpris qu'un Prince corrompu par toutes fortes d'excés, euft conceû
des defleins auffi nobles, auffi utiles, & auffi
beaux, qu'eftoient la plufpart de ceux qu'il
fit éxécuter. Car outre les Palais, les Arcs
de Triomphe & les Temples, qu'on pouvoit nommer les monumens de fon or-
gueil, il fit conftruire plufieurs autres Edifices que les Ecrivains n'ont pû s'empefcher
de louër.

Suetone & quelques autres Hiftoriens v. Domit. c.
parlent avec eftime des Ouvrages publics 5. 13.
Dion. l. 67.
qu'il fit achever, ou qu'il baftit au Capitole
& dans les autres quartiers de Rome, aprés la
mort de fon frere Titus. Stace fait une def- Sylvar. l. 1.
Eleg. 1.
cription excellente des travaux que ce mef-
me Empereur entreprit pour renfermer le
fleuve Vulturnus dans fon canal, & empefcher fes débordemens, dont les ravages con-
tinüels ruinoient tous les lieux voifins. Ce Sylvar. l. 4.
Eleg. 3.
Poëte décrit auffi le Pont qu'il baftit fur ce
Fleuve, & le chemin appellé *Via Domitia-*
na, qu'il fit faire depuis Pouzzole jufques à
Sinueffe, où ce chemin fe joignoit à celuy
d'Appius.

L'on ne fçait point qui eût la conduite de

tous ces différens ouvrages : mais il eſt conſtant qu'il ne s'eſt jamais rien fait de plus magnifique. Le chemin avoit treize lieuës de longueur. Comme le terrain en eſtoit fort mauvais, il fallut faire des dépenſes prodigieuſes pour l'affermir : & cependant on n'épargna rien dans la conſtruction du corps principal de l'ouvrage ; car il eſtoit compoſé de pluſieurs aſſiſes de pierres, qui faiſoient un maſſif d'une largeur & d'une profondeur ſi extraordinaire, qu'aucune autre nation que les Romains n'en avoit point encore fait de ſemblable.

Sur ce maſſif il y avoit, au lieu de pavé ordinaire, de grands carreaux de pierre taillez régulierement, & placez avec beaucoup de ſoin & de propreté ſur toute la ſurface du chemin, dans la longueur duquel ſe rencontroit le Pont du fleuve Vulturnus, & un Arc de triomphe que Domitien ſe fit élever à l'endroit où ce meſme chemin ſe joignoit à celuy d'Appius. Le Pont & l'Arc de triomphe eſtoient de marbre blanc, & richement ornez, ainſi qu'on peut apprendre plus particulierement par les deſcriptions que Stace & quelques autres Auteurs en ont faites.

Incontinent aprés la mort de cét Empereur le Peuple Romain renverſa tous les Arcs de triomphe & d'autres ſemblables monumens qu'il s'eſtoit fait ériger dans Rome ou aux environs. Ses autres Edifices, qui pouvoient eſtre de quelque utilité au public, furent conſervez : mais on ruina une partie de leurs ornemens, afin qu'il ne reſtaſt aucune choſe qui puſt ſervir à la mémoire d'un Prince dont les vices eſtoient en horreur à tout le monde.

Quoy-que de tous les anciens Ecrivains dont les ouvrages ſont venus juſques à nous, il n'y ait que Vitruve qui ſe ſoit appliqué, comme j'ay déja dit, à donner les regles & les principes de l'Architecture, on peut néanmoins parmi ces Auteurs en remarquer pluſieurs qui ont contribué à la gloire de cét Art. Pline qui vivoit du temps de Veſpaſien en a écrit avec beaucoup de lumiere.

    C. Plinius Secundus.

Frontin & Pline le Jeune ont auſſi fait paroiſtre une intelligence tres-particuliere pour ce qui regarde les baſtimens. FRONTIN a compoſé entre autres ouvrages un Livre des Aqueducs de Rome, dans lequel outre les noms & la dignité des perſonnes qui en prirent le principal ſoin depuis Agrippa qui s'en

    FRONTIN, Sextus Julius.

N iij

chargea le premier fous Augufte jufques à Frontin qui eût auffi l'Intendance générale de ces travaux fous Nerva, l'on trouve encore des obfervations fort utiles pour la conftru-ction de toutes fortes d'édifices publics.

Quant à PLINE LE JEUNE neveu ma-ternel & fils adoptif de Pline l'Hiftorien, on peut dire qu'aucun Ecrivain de fon temps n'a fçeû mieux parler que luy de l'Archi-tecture. Il ne faut que lire fes lettres pour eftre perfuadé de la connoiffance qu'il avoit aquife dans cét Art. Elles font mention de quantité d'édifices qu'il fit conftruire ou rétablir, entre autres la maifon qu'il avoit dans Rome, fes maifons de campagne dont il a donné de fort belles defcriptions ; une Bibliotheque où il affigna des revenus con-fiderables pour un Profeffeur public & pour des Ecoliers ; un Temple confacré à Cerés qu'il fit auffi refaire à fes dépens, qu'il orna de colonnes, de ftatuës, & d'autres ouvrages de marbre, & dont il donna la conduite à un Architecte nommé MUSTIUS ; plufieurs théatres, amphithéatres, thermes, aqueducs, conduits foufterrains, canaux, & autres tra-vaux néceffaires pour l'embelliffement des villes, & pour la commodité & l'utilité du public. Il prit un soin tres-particulier de ces dernieres sortes de bastimens tant en Bithynie où l'Empereur Trajan l'envoya éxercer la charge de Propréteur, qu'à Rome & aux environs, lors que le mesme Prince l'eût élevé à la dignité de Consul, & luy eût donné l'Intendance générale des aqueducs, & les autres emplois que Frontin avoit éxercez auparavant.

Je pourrois encore nommer plusieurs Ecrivains de ces temps - là qui ont paru fort intelligens dans l'art de bastir : mais il est plus à propos de parler du célebre APPOLLO-DORE. Procope nous apprend que cét Architecte estoit de Damas. L'on ignore les autres particularitez de sa naissance ; & l'on ne sçait pas mesme de quelle maniere il se fit d'abord connoistre en Italie. Ce que l'on peut dire de certain, est qu'il sceût mériter la faveur de l'Empereur Trajan, & que ses ouvrages ont esté jugez si excellens par la postérité, qu'on ne croit pas qu'il y ait rien eû de plus parfait que tout ce que l'on voit de luy.

Quelques Auteurs remarquent qu'il bastit dans Rome les Edifices qui environnoient une grande Place ou Marché, appellé *Forum*

APPOLLO-DORE.
De Ædific.
Justinian. l.
4. c. 6.

Trajanum, du nom de l'Empereur. Il y a-
voit parmi ces Baſtimens un Arc de triomphe, que le Peuple Romain fit baſtir en mémoire des actions héroïques de Trajan, ainſi
que la Colonne qui ſubſiſte encore aujour-
dhuy, & qui eſtoit immédiatement au milieu
de la Place dont on parle.

Xiph. V. Tra-
jan.

    Dion dit qu'Appollodore baſtit un Col-
lege & un Théatre propre pour la Muſique.
L'on ignoreroit quaſi tous les autres édifices
dont le meſme Architecte eût la conduite, &
l'on auroit peine à s'imaginer l'amour extraordinaire que Trajan eût pour les beaux
Arts, ſans les Médailles & les autres Monumens de ces temps-là, dont il eſt heureuſe-
ment reſté un tres-grand nombre qu'on con-
ſerve en divers lieux : car ce ne ſont preſque
que les Médailles & les Inſcriptions antiques,
qui ayent éterniſé la mémoire des travaux
les plus conſidérables que cét Empereur entreprit.

    Par leur moyen l'on connoiſt que ce Prin-
ce fit baſtir dans Rome, outre ce qui a eſté
dit, la Baſilique Ulpienne, ainſi appellée du
nom de la famille *Ulpia*, dont il eſtoit iſſu ;
une nouvelle Bibliotheque, qui devint auſſi
célebre que celle du Mont Palatin, que Domitien

mitien avoit rendu la plus riche & la plus
nombreuse de son temps ; les Thermes ou
Bains publics, appellez *Thermæ Trajanæ* de
son nom ; le grand Cirque, qu'il augmenta
& fit refaire tout de marbre ; un chemin, des
aqueducs, des temples, & divers autres ouvrages ausquels ils ne faut pas douter qu'Appollodore n'ait eû la meilleure part, ainsi
qu'à tout ce qui se fit de considérable dans
plusieurs autres lieux d'Italie & dans toutes
les Provinces de l'Empire. L'on tient mesme
que ce fut cét Architecte qui bastit le fameux Pont que Trajan fit faire sur le Danube. Procope est de ce sentiment. Un Auteur
moderne a crû au contraire, que ce fut un
nommé C. JULIUS LACER qui eût la
conduite de cette grande entreprise: mais il
est aisé de connoistre qu'il a pris le Pont du
Danube pour un autre qui fut basti sur le
Tage vers le mesme temps. En effet c'est de
celuy-cy dont il est fait mention dans les vers
latins que Tristan a luy-mesme rapportez, &
qu'il a crû avoir esté faits au sujet du Pont
du Danube, ne songeant pas qu'ils estoient
tirez d'une Inscription antique qui se voit à
Alcantara *, où subsiste encore aujourd'huy
l'ancien Pont du Tage dont on a parlé.

O

*A Vuarhel en
Hongrie.*
Grut. pag.162.
Inscript. 9.
Procop. de
ædif. Justin.
l. 4. c. 6.
Trist. de S.
Amand. Com-
ment. sur la
vie de Trajan.
C. JULIUS
LACER.

* *Autrefois*
Norba Cæsa-
rea.

Je ne rapporteray point icy cette Infcription compofée en vers : on peut la lire toute entiere dans Gruter. Je diray feulement
qu'elle fe trouve gravée audeffus de la porte de l'Eglife de Saint Julien à Alcantara ;
qu'elle fait connoiftre que cét édifice eftoit
anciennement un petit Temple, que C. Julius Lacer ayant bafti avec beaucoup d'Art
& de magnificence, confacra à la gloire de
l'Empereur Trajan ; & que le mefme Lacer qui conftruifit ce baftiment avoit auffi
fait le Pont du Tage qui eft tout proche,
& qui a toûjours paffé pour le plus beau &
le plus grand qui foit dans le païs. Car je
puis encore obferver icy que ce Pont eft tout
de pierre, qu'il eft élevé de 200. pieds audeffus de l'eau, & qu'il a 670. pieds de longueur. Il n'eft compofé que de fix arches
qui ont 84. pieds d'ouverture chacune ; &
quant aux piles, elles ont chacune 27. à 28.
pieds en quarré. Audeffus du mefme Pont fe
voit un Arc de triomphe, qui apparemment
fut encore conftruit par C. Julius Lacer : il
eft conftant du moins qu'il fut élevé en mefme temps que le Pont ; & les Infcriptions
antiques qui y reftent, marquent expreffé-
ment que la Province, qui avoit fait faire

l'un & l'autre, les confacra auffi tous deux à l'honneur de Trajan.

Mais quelque chofe que l'on puiffe dire de ce Pont fur le Tage, il eft certain néanmoins que celuy du Danube eftoit encore beaucoup plus confidérable, puis qu'il ne s'en eft jamais fait de fi grand ni de fi fomptueux en aucun lieu. Il avoit plus de 300. pieds de hauteur, & eftoit compofé de vingt piles & de vingt-une arches. Les piles avoient deux fois autant d'épaiffeur que celles du Pont du Tage, & les arches deux fois autant d'ouverture ; de forte que toute la longueur du Pont du Danube eftoit d'environ 800. toifes , fans comprendre les culées : ce qui ne peut paffer que pour merveilleux , fur tout fi l'on confidere que le Danube eftoit fi profond & fi rapide dans toute cette étenduë du Pont, qu'il fut impoffible d'y faire des Baftardeaux pour fonder les piles ; & qu'au lieu de cela il fallut jetter dans le lit de la Riviere une quantité prodigieufe de divers materiaux, & par ce moyen former des manieres d'empatemens qui s'élevaffent jufques à la hauteur de l'eau, pour pouvoir enfuite y conftruire les piles & tout le refte du baftiment.

Environ une demi-lieuë commune de France.

Dion. V. Trajan.

O ij

Voilà ce que j'avois à obferver touchant les ouvrages d'Appollodore. Au refte, il faut avoûër que cét Architecte finit fa vie fort malheureufement, & qu'il y eût beaucoup de fa faute dans le fafcheux accident qui luy arriva. Car fi l'on doit blafmer l'imprudence avec laquelle il témoigna un jour en préfence de Trajan le mépris qu'il faifoit d'Adrien, qui fut peu de temps aprés éleû Empereur : il eft difficile qu'on ne trouve pas encore davantage à redire à la liberté peu difcrete dont il ufa dés le commencement de l'Empire du mefme Adrien, en publiant avec quelque forte de raillerie les defauts qu'il trouvoit dans la conftruction d'un Temple confacré à Venus que ce Prince avoit fait baftir à Rome fur fes propres deffeins ; au fujet de quoy cét Empereur fe laiffa aller à un emportement fi violent, qu'il en coufta la vie à l'Architecte dont je parle.

Ce que l'on vient de remarquer de l'imprudence d'Appollodore, ne juftifie pas la conduite de l'Empereur Adrien. Auffi les Hiftoriens parlent de cette action comme de la plus injufte & de la plus cruelle que ce Prince ait commife ; & l'on peut dire qu'elle

a laiſſé à ſa mémoire une tache ſi conſidérable, que l'éclat de ſes plus grandes actions
en a eſté obſcurci. Car il y a eû des Auteurs qui pour ce ſujet n'ont fait aucune difficulté de mettre Adrien au nombre des
plus méchans Empereurs Romains : au lieu
que ſans cét emportement il n'y en euſt eû
aucun qui ne luy euſt donné rang parmi les
Princes les plus débonnaires, de meſme que
parmi ceux qui ont contribué le plus à la
grandeur de l'Empire Romain.

DETRIANUS qui vivoit dans le meſ- DETRIANUS.
me temps qu'Appollodore, ſceût mieux ſe
maintenir dans les bonnes graces d'Adrien. Ælius Spar-
Cét Empereur luy confia la conduite des plus tian. Vit. Ha-
driani.
grands ouvrages qu'il fit faire dans Rome :
il voulut qu'il rétabliſt le Pantheon, la Baſilique de Neptune, la Place ou le Marché appellé *Forum Auguſti*, le Lavoir ou les Bains
d'Agrippine & pluſieurs autres édifices qui
avoient eſté bruſlez ou ruinez. Le meſme
Architecte baſtit un Temple magnifique
conſacré à Trajan, le Pont Ælius, & la ſé- Aujourd'huy
le Pont Saint
pulture d'Adrien proche le Tybre. Il tranſ- Ange.
porta auſſi le Temple de la bonne Déeſſe *Moles Hadria-
ni.*
dans un autre lieu que celuy où il eſtoit, & y
fit traiſner par un atelage de vingt-quatre

éléphans la Statuë coloſſale de Neron, qu'A-
drien conſacra au Soleil.

Je ne m'arreſteray point à faire les deſcriptions de ces différens ouvrages, non plus
que de tous les autres édifices qu'Adrien fit
élever en tant de lieux. Je me contenteray de
dire en général, que comme il n'y eut point
de ville conſidérable dans toute l'étenduë de
l'Empire Romain que ce Prince n'honoraſt
quelquefois de ſa préſence, il n'y en eût
point auſſi où il ne laiſſaſt des marques de
l'amour extraordinaire qu'il eût pour les
beaux Arts, particulierement pour l'Architecture. Ainſi ce ne fut pas ſeulement à
Rome qu'il fit conſtruire de grands Baſtimens : divers autres lieux de l'Italie ſont
encore remplis des reſtes de ceux qu'on
y fit alors. Il s'en eſt veû auſſi de tres-ſom-
ptueux dans les Gaules ; entre autres à Niſ-
mes la Baſilique de Plotine, qui paſſoit pour
l'une des plus ſuperbes qui fuſſent alors dans
le païs.

Mais qui pourroit faire le dénombrement des ouvrages que le meſme Empereur entreprit, pour donner à la Grece le
haut éclat de ſplendeur où il la fit paroiſtre
pendant ſon Empire ? Il y rétablit quaſi tous

les temples & les autres baſtimens fameux
qui avoient eſté ruinez ; acheva ceux qui
eſtoient demeurez imparfaits ; & en fit faire de nouveaux, qui ne furent pas moins
grands ni moins ſomptueux que les anciens.

Il y a néanmoins quelque diſtinction à faire entre tant de différens travaux dont A-
drien vint glorieuſement à bout ; & je croy
qu'on doit préférer ceux qu'il fit dans la ville
d'Athenes, ou aux environs, à tout ce qu'il
entreprit de plus conſidérable dans les autres
lieux de ſon Empire. Car il eſt vray que
comme il chérit cette ville plus qu'aucune
autre, il n'y en eût point auſſi où il fit paroiſtre de plus grandes marques de ſa magnificence. Il acheva le Temple de Jupiter O-
lympien, qui eſtoit demeuré imparfait pendant plus de ſix ſiecles. Cét édifice & les
portiques qui l'environnoient par dehors,
eſtoient tous de marbre, & occupoient un eſpace de plus de quatre ſtades de tour. L'on 500. pas.
peut voir dans Pauſanias, non-ſeulement la L. 1. Attic.
deſcription de ce Temple, mais encore celle
de la Bibliothéque du College & d'une partie des autres baſtimens qu'Adrien fit élever
à Athenes.

Le mefme Auteur décrit aufli tout ce que cét Empereur fit conftruire de plus remarquable dans les autres villes de Grece, particulierement à Corinthe, où ce Prince fit faire des bains & des aqueducs tres-magnifiques.

Divers autres Ecrivains ont parlé des baftimens de l'Empereur Adrien ; & il fe trouve quantité de Médailles & d'Infcriptions antiques qui autorifent ce que chacun d'eux en a dit. Mais les Livres, les Médailles, & les Infcriptions ne nous apprennent rien des Architectes qui ont eû la conduite de tant de differens travaux : de forte que la gloire de ces excellens ouvrages retomberoit en toute maniere fur Adrien, fi les differends qu'il eût avec Appollodore n'euffent fait connoiftre qu'il avoit le gouft fort méchant pour l'Architecture comme pour tous les autres arts, dans lefquels néanmoins il tafchoit de s'inftruire autant qu'il pouvoit, croyant immortalifer fon nom par ce moyen.

L. 2. Corinth.

Antoninus.

Paufanias dit qu'un Sénateur appellé A N-T O N I N U S, témoignoit aufli alors beaucoup d'amour pour l'Architecture, & qu'il prit luy-mefme la conduite de divers édifices

ces qu'il baftit à Epidaure*. On ne fçait rien
de particulier de la vie de ce Senateur, qui
cependant peut tenir un rang confiderable
parmi les Architectes. Les plus excellens de
fes ouvrages eftoient un Temple de tous les
Dieux, d'autres Temples confacrez à Apollon, à Efculape, & à la Santé, & des bains
d'Efculape. Il rétablit auffi dans Epidaure
un ancien Portique appellé *Cotyos*, qui avoit
autrefois efté bafti de briques non cuites.

Ce pouvoit encore eftre vers ce temps-
là que vivoit l'Architecte HIPPIAS. Lucien en parle avec une eftime tres-particuliere, & fait connoiftre qu'il s'entendoit parfaitement à conftruire des bains & d'autres
édifices propres pour la fanté, ou pour le
plaifir. Il dit que non feulement il fçavoit
les placer dans des fituations avantageufes;
mais qu'il avoit un art admirable pour bien
diftribuer les pieces qui les compofoient,
pour leur donner des expofitions conformes
à leur ufage, & enfin pour les décorer dedans & dehors d'une maniere qui ne con-
tribuoit pas moins au plaifir de ceux qui les
voyoient, que la bonté de l'air qu'on y ref-
piroit fervoit à augmenter leur fanté.

NICON, Architecte & Geometre de

Ancienne Ville du Peloponne-fe.

HIPPIAS. Dialog. Hipp.

NICON.

Pergame, dont le Medecin Galien, qui eſtoit
ſon fils, nous a conſervé la mémoire, travailloit ſous l'Empire d'Antonin Pie ſucceſſeur d'Adrien. Comme il ne s'éloigna gué-
res du lieu de ſa naiſſance, & qu'il paſſa une
partie de ſa vie à enſeigner la langue Gre-
que, l'on doute qu'il ait eû aſſez de temps,
ni toute la pratique, & les occaſions néceſſaires pour conduire de grands édifices. Auſſi on ne voit pas que Galien faſſe mention
d'aucun de ſes ouvrages d'architecture. Il
marque néanmoins qu'il avoit une tres-
grande connoiſſance de cét Art ; & l'on peut
bien ajouſter foy à tout ce que cét illuſtre
Médecin a dit d'avantageux de ſon pere,
puis qu'on ſçait qu'il a parlé avec ſi peu de
déguiſement de ſes parens, qu'il n'eſt pas
poſſible qu'il vouluſt donner de fauſſes loûan-
ges aux uns dans le temps qu'il décrit avec
ſincerité les defauts des autres.

Car c'eſt une choſe remarquable, que ce
qu'il rapporte de la diverſité d'humeur de
ſon pere & de ſa mere. Nicon eſtoit eſtimé
un des plus agréables hommes de ſon païs,
à cauſe de ſon temperament doux & mo-
déré, de ſes rares vertus, & du merite ſingu-
lier qu'il avoit aquis par l'étude des belles

lettres. Sa femme au contraire eſtoit d'une humeur inſupportable à tout le monde, particulierement à ceux de ſa famille. Elle s'emportoit pour la moindre choſe, & quelquefois avec tant de violence qu'elle mordoit les filles qui la ſervoient. De ſorte que Galien ne fait pas de difficulté de la comparer à Xantippe femme du Philoſophe Socrates, loüant néanmoins ſa pudicité & l'attachement qu'elle avoit à ſon ménage.

Puis que le témoignage que Galien a rendu de ſes parens paſſe pour véritable, je puis encore dire icy que l'ayeul & le pere de Nicon, qu'il ne nomme point, eſtoient auſſi tres-ſçavans dans l'Architecture. Il marque que Nicon ne fit que les imiter, & que ce fut d'eux qu'il receût toutes les connoiſſances qu'il poſſédoit.

Nicon mourut dans un âge fort avancé, *Vers l'an 161.* vers le commencement de l'Empire de Marc *de J. C.* Aurele. Son fils Galien eſtoit alors âgé de vingt-cinq ans ou environ, & avoit ſi bien profité des inſtructions de ſon pere, qu'eſtant allé à Rome, il s'aquit bientoſt un rang conſidérable parmi les plus illuſtres hommes de ſon temps. Ses écrits nous font connoiſtre, qu'outre la Médecine, où il ſurpaſſa tous

P ij

ceux qui l'avoient précédé, il fçavoit encore
beaucoup de chofes concernant les arts & les
fciences, particulierement l'Architecture,
dont il donne de fort bons préceptes.

Mais Galien n'eft pas le feul Auteur du
fiecle dont on parle, qui ait écrit fçavam-
ment fur des chofes qui regardent l'Architecture. Ælian, Lucien, Paufanias, Athenée le
Déipnofophifte, Julius Pollux, & plufieurs
autres qui vivoient vers le mefme temps que
luy, ont laiffé des defcriptions de quantité
d'édifices, par lefquels ils n'apprennent pas
moins l'art de bien baftir, que celuy d'écrire
avec élégance fur les fujets qu'ils traitent.

Quoy-que de tous les Architectes qui travaillerent fous Antonin Pie & fous Marc-
Aurele, il n'y ait eû que le pere de Galien
dont le nom foit venu jufques à nous, l'on
ne peut pas douter néanmoins que l'Architecture ne fuft encore alors tres-floriffante,
particulierement en Italie.

L'on voit à Rome plufieurs beaux reftes
des Baftimens magnifiques que ces deux
Princes y firent conftruire ; entre autres une
partie du Temple d'Antonin & de Fauftine,
& la Colonne d'Antonin que Marc - Aurele
fit élever dans le neuviéme quartier de cette

ville. La Colonne subsiste en son entier. Elle est de marbre, & presque semblable à celle de Trajan. Il y a au dedans un escalier en forme de vis, & au-dehors des bas-reliefs qui l'ornent de toutes parts. Il est vray que le travail en est moins estimé que celuy de la Colonne de Trajan, mais elle ne laisse pas d'estre considérée comme un ouvrage excellent, tant pour ses ornemens de sculpture, que pour sa hauteur extraordinaire, qui est de 175. pieds, c'est-à-dire, 35. pieds plus que celle de Trajan qui n'en a que 140.

Les travaux que ces mesmes Princes entreprirent pour les chemins, les ponts, les aqueducs, & les autres édifices publics qu'ils rétablirent ou qu'ils construisirent en différents endroits ont esté aussi fort estimez. On ne peut assez loüer la magnificence avec laquelle M. Aurele rebastit la ville de Smirne, celle de Laodicée, & plusieurs places de l'Asie mineure qu'un tremblement de terre avoit presque entierement ruinées. Dans tous ces lieux il y avoit quantité de temples, de théatres, d'amphitéatres, de palais, & d'autres bastimens tres-somptueux, particulierement à Smirne, qui estoit la plus considérable des villes affligées, & celle où le

Vers l'an 75. de J. C.

Dion. Vit. M. Aurel.

L iij

Aristides Oration. T. I.

tremblement de terre avoit fait plus de desordre.

Si les Ouvriers qu'on employa à tant d'ouvrages célebres sont à present inconnus, il ne faut pas s'étonner qu'on ignore aussi ceux qui travaillerent sous l'Empire de Commode. Il ne s'est rien fait du temps de ce Prince qui mérite d'estre comparé à ce qu'on a rapporté de ses prédécesseurs. Dion remarque qu'il n'éleva aucun édifice nouveau, & qu'il n'acheva pas mesme ceux que son pere avoit commencez.

V. Comm.

Quant aux Empereurs qui luy ont succédé, il n'y en a gueres qui ayent cultivé l'Architecture avec plus de soin que l'Empereur Severe. L'on voit encore divers beaux restes des superbes bastimens qu'il fit construire. Caracalle, Heliogabale, & Alexandre Severe entreprirent aussi de grands édifices : mais avant que de rien dire touchant les travaux de ces Princes, il est à propos de rapporter les noms de quelques Architectes & Machinistes ou Ingénieurs dont il est parlé dans des Inscriptions antiques que je n'ay point encore remarquées.

Q. Cissonius. Grut. pag. 537. Inscript. 4.

Celuy qu'on doit estimer davantage est un nommé Q. CISSONIUS, fils d'un autre Quintus. Son Epitaphe, qu'on voit à Naples, fait connoistre qu'il passa une grande partie de sa vie dans les armées, & qu'en qualité d'Architecte il servit plusieurs Empereurs qui regnoient ensemble de son temps: mais elle n'apprend ni le nom de ces Princes, ni le temps auquel cét Architecte a vécu; de sorte qu'on ne peut rien dire de certain sur ce sujet. On conjecture néanmoins que ce furent les Empereurs Severe, Caracalle, & Geta qui l'employerent, tant à cause de la qualité d'*Architectus Augustorum*, qu'on luy donne, & qui fait connoistre, comme on a déja dit, qu'il y avoit alors plusieurs Princes qui gouvernoient l'Empire, que parce que son Epitaphe est d'une forme de caractere & d'un stile qui estoient en usage sous les Empereurs que j'ay nommez.

On a peine aussi à bien juger en quel temps travailloient C. BOEBIUS MUSÆUS, Affranchi, & L. ANCHARIUS PHILOSTORGUS, tous deux Machinistes ou Ingenieurs. Le dernier eût un fils appellé Q. ANCHARIUS NICOSTRATUS, qui fut aussi Machiniste, & eût la conduite des Ouvriers qui travailloient aux machines de guerre pour la vingtiéme légion. Les deux

C. BOEBIUS MUSÆUS.
L. ANCHARIUS PHILOSTORGUS.
Rein. p. 539.
Inscript. 65.
Q. ANCHARIUS NICOSTRATUS.

Infcriptions où ces noms font marquez, fe voyent à Rome.

Je ne doute point que les Antiquaires n'ayent découvert quantité d'autres Infcriptions, par lefquelles on pourroit apprendre les noms de ceux que les Latins appelloient *Structores parietarii* ; & encore de divers autres Ouvriers qui ont relation avec les Architectes : comme ceux qu'on nommoit *Fabri tignarii*, ou *Fabri tignuarii*, *Fabri navales*, & *Fabri navicularii* ; c'eft-à-dire des Ouvriers en bois, tels que les Charpentiers & les Menuifiers, ceux qu'on employoit à faire de grands vaiffeaux, & d'autres qui ne faifoient que de petites barques: Je fçay mefme que Gruter, Reinefius, M. Spon, & quelques autres n'ont pas négligé de recüeillir un grand nombre d'Infcriptions érigées par ordre de divers Colleges que formoient ces fortes d'Ouvriers que je viens de nommer, & que les noms de ceux qui avoient la direction de ces Colleges y font marquez.

Mais il ne s'agit pas icy de faire connoiftre tous ceux qui ont efté employez dans les baftimens : je n'ay entrepris de parler que des perfonnes qui ont le plus travaillé à perfectionner l'Architecture, & qui ont formé

mé

mé les Desseins des édifices qui faisoient l'ornement des siecles passez. C'est pourquoy je
ne veux point nommer quantité d'ouvriers
qui n'ont rien fait d'assez considérable, ou
du moins d'assez célebre, pour tenir quelque
rang parmi tant d'excellens Maistres dont
j'ay parlé.

Revenons aux Bastimens que Severe & quelques-uns de ses successeurs ont cons-truits. Le Septizone dont on voit encore les restes dans Rome, estoit un des plus grands édifices que cét Empereur eust fait pour éter-niser sa mémoire. L'Arc de triomphe qu'on connoist aujourd'huy sous son nom, est aussi fort estimé. Il est tout de marbre. Les colon-nes & les autres ornemens sont d'ordre com-posé, mais d'un goust d'Architecture qui égale quasi ce qui s'est fait de plus excellent en Italie. Il reste quantité d'autres édifices qui ne sont pas moins recommandables, & qui font tous juger que l'Empereur Severe eût autant de soin de faire florir l'Archite-cture, que Commode, qui regnoit un peu a-vant luy, l'avoit négligée.

Dion. Spar-tian. & Hero-dian. V. Sev.

Vers l'an 205. de J. C.

Les Bastimens que Caracalle fit faire, se-roient encore fort estimez, si les Archite-ctes qui en ont eû la conduite, les avoient

Dion. Spart. Herodian. V. Antoni.

rendus aussi considérables par la beauté &
l'œconomie du travail, que par la multitude
& la somptuosité des ornemens. Mais il ne
faut pas s'étonner que Caracalle ait esté mal
servi. Dion remarque que ce Prince n'avoit
aucun amour ni aucun goust pour les belles
choses, & qu'il traitoit avec mépris tous
ceux qui excelloient dans les arts & dans
les sciences. Spartien semble estre d'un
sentiment différent. Il parle avec éloge des
bastimens de Caracalle, & dit que dans les
Bains où Thermes Antonianes que cét Empereur fit construire dans Rome, tous les
Maistres de l'art admiroient une certaine voute tres-spatieuse qui n'estoit soustenuë que
sur des manieres de treillis faits de bronze.
Mais qui ne voit que ce travail que Spartien louë dans cét édifice, doit au contraire
passer pour vicieux suivant la maniere de
bastir des anciens Romains, puisque leur regle fondamentale estoit de faire en sorte que
toutes les parties d'un bastiment eussent non
seulement de la solidité, mais encore ce que
les sçavans Architectes nomment l'idée ou
l'apparence de la solidité, c'est-à-dire, cette
proportion qui leur donne une force qui n'est
pas moins apparente que véritable?

L'Arc des Argentiers qu'on voit à Ro-me, & l'Arc du Pont de la ville de Sainctes, passent pour deux des plus beaux monu-mens qui soient restez de Caracalle, & ne font pas néanmoins concevoir une opinion avan-tageuse des Architectes qui les ont bastis. L'Arc des Argentiers est chargé d'une si gran-de confusion d'ornemens, qu'il ressemble plustost aux bastimens qu'on a faits depuis du temps de Constantin, qu'à ceux de Severe ou de ses prédécesseurs.

Il est donc vray que sous Caracalle l'Ar-chitecture décheût beaucoup de sa splen-deur & de la perfection où on l'avoit veûë auparavant. Les troubles qui suivirent la mort de ce Prince contribuerent encore à son affoiblissement ; & elle seroit bientost tombée tout-à-fait, sans les soins & la ma-gnificence d'Alexandre Severe, qui la sous-tinrent pour quelque temps.

Ce vertueux Prince connoissoit & aimoit tout ce qu'il y a de plus noble & de conve-nable aux personnes de son rang. C'est pour-quoy il n'épargna rien pour faire refleurir les arts & les sciences. Il ne se contenta pas de faire construire un nombre presque infi-ni d'édifices en differens lieux, particuliere-

ment à Rome où il ordonna qu’on baſtiſt
des Bains publics, appellez *Thermæ Alexandrina*, de ſon nom; des aqueducs, des
temples, des palais & des théatres, pour
donner moyen à tous les Ouvriers de ſe perfectionner dans la pratique de leur Art. Il
attira auprés de luy, par de grandes récompenſes, quantité d’habiles Architectes, dont
les noms ne ſont pas connus; & les employa
les uns à conduire & à former les deſſeins
des travaux qu’il entreprenoit, & d’autres
à donner des leçons publiques d’Architecture à quantité de jeunes gens qu’il faiſoit élever pour cét effet. De ſorte qu’on euſt bientoſt veû renaiſtre dans les baſtimens toute
la pureté & la perfection qu’on remarquoit
dans ceux qui avoient eſté faits du temps
de Veſpaſien, de Tite, de Trajan, d’Adrien,
des Antonins, & de Severe, ſi ſa vie n’euſt
eſté trop courte pour achever ce qu’il avoit
ſi bien commencé. Car à peine fut-il parvenu à la fleur de ſon âge, que ſes ſoldats
le tuerent dans une ſédition que Maximin,
qui fut Empereur aprés luy, avoit excitée.

L’on aura de la peine à trouver des Architectes auſſi habiles & auſſi ſçavans qu’eſtoient la pluſpart de ceux dont j’ay parlé, puis qu'aprés la mort d'Alexandre Severe l'Architecture ne fut pas long-temps sans tomber dans une corruption d'où elle n'a esté tirée que douze siécles aprés. Cela n'empeschera pas néanmoins que parmi les Ouvriers dont je rapporteray les noms, il ne s'en rencontre encore de fort célebres, ou par les bonnes qualitez qu'ils ont fait éclater dans leur personne, ou par quelques ouvrages dont de grands Princes leur ont confié la conduite.

ATHENE'E & CLEODAMUS de Bisance, ont esté de ceux qui se font aquis le plus de réputation par le nombre de bastimens qu'ils ont construits. Ils n'ont paru que vers le temps que Valerien ayant esté pris par Sapor Roy des Perses, l'Empire Romain fut attaqué par une infinité de Barbares, & partagé par plus de vingt Tyrans qui se souleverent tout-à-coup en Grece, & en divers autres lieux. C'est pourquoy l'Empereur Galien, sous qui ces Architectes travaillerent, ne les employa presqu'à autre chose qu'à fortifier les places dont il estoit le maistre.

Quelques-uns attribuent à Athenée le livre de Machines qu'on imprime présente‑

ment au Louvre sur un manuscrit de la Bibliothéque du Roy. D'autres néanmoins croyent, comme j'ay déja dit, que ce livre a esté composé dés le temps de M. Marcellus, à qui ils prétendent que l'Auteur l'a dédié. Quoy qu'il en soit, cét Architecte fut fort considéré de Gallien, puisque ce Prince se re-

posa entierement sur luy & sur Cléodamus, des principaux ouvrages qu'il fit faire

L'on voit encore aujourd'huy à Rome un Arc de triomphe consacré à la mémoire de l'Empereur Gallien. C'est par ce monument qu'il est aisé de juger combien l'Architecture commençoit déslors à se corrompre, puisqu'il est vray que cét édifice n'est quasi considérable que par sa solidité.

Les bastimens qu'on a construits depuis sont encore moins beaux, n'ayant la pluspart rien de recommandable que leur grandeur, ou la richesse de leur matiere, ou tout au plus quelques ornemens tirez des ruines des anciens édifices. Aussi ne parleray-je d'aucun de ces ouvrages, si ce n'est de ceux dont on sçaura le nom des Architectes.

Sans m'arrester donc à tout ce qu'ont fait les Empereurs Aurelien, qui aima beaucoup à bastir ; Tacite son successeur, qui eût quelque connoiſſance de l'Architecture & des plus beaux arts ; & Dioclétien meſme qui fit à Rome les Thermes dont les reſtes portent encore aujourd'huy ſon nom : je diray que ſous l'Empire de Conſtantin il y eût un Architecte célebre nommé METRODO-RUS. Il eſtoit natif de Perſe, & embraſſa la Religion Chreſtienne. Ayant quitté ſa patrie, il alla dans les Indes, où il baſtit des Levées & des Bains ; & parce qu'on n'avoit point encore veû de ſemblables ouvrages dans ce païs, il ſe faiſoit conſidérer du Roy des Indes, pendant que les Bracmanes l'admiroient auſſi à cauſe de ſa ſageſſe & des diverſes connoiſſances qu'il poſſédoit. Il n'eût pas pluſtoſt achevé les baſtimens qu'il avoit entrepris, qu'il retourna en Perſe, emportant avec luy quantité de diamans & d'autres pierreries de grand prix, que le Roy des Indes luy avoit données pour marque de l'eſtime qu'il faiſoit de ſes ouvrages & de ſon mérite.

Flavius Vopiſc.Sext.Aur. Vict. Pompon. Læt. V. Aurelian. & Tacit.
Vers l'an 295, de J.C.
METRODO-RUS.

Un Auteur remarque que ce fut ce Métrodorus qui porta l'Empereur Conſtantin à faire la guerre au Roy de Perſe, & à délivrer les Chreſtiens de la perſécution qu'ils ſouffroient dans les Eſtats de ce Roy. Cét Architecte, aprés ſon retour des Indes, alla à Conſ-

Cedrenus Hiſt. Compend.

tantinople ; & pour se faire écouter favorablement de l'Empereur, qui n'avoit point
voulu jusques alors entendre de semblables
propositions, il luy fit présent de toutes les
richesses qu'il avoit apportées ; & ayant jetté
ce Prince dans quelque sorte d'étonnement
par le nombre & le prix de ses pierreries, il
prit occasion de luy parler de la cruauté que
les Perses éxerçoient contre les Chrestiens.

Vers l'an 327. de J. C.

Mais soit que ce fust sur les plaintes de Métrodorus que Constantin déclara la guerre
aux Perses dans la vingt-uniéme année de son
Empire, ainsi que Cédrenus l'asseûre ; soit
que ce fust pour quelque autre sujet : cette
particularité fait toûjours connoistre combien
cét Architecte s'est distingué parmi ceux de
son temps. Au reste, on ne sçait point quel
employ il eût dans les bastimens de Constantin, ni ce qu'il fit ailleurs que dans les Indes.

V. Constant. La Dédicace s'en fit en l'an 330. selon Ida-tius.

Pomponius Lœtus qui s'est fort étendu
sur la construction de la Ville de Constantinople, ne nomme aucun des Architectes
dont Constantin se servit pour conduire une
si grande entreprise. Il dit seulement qu'un
Mathématicien appellé Valens en fit l'ho-
roscope. L'on sçait d'ailleurs que toute la magnificence de cette ville consistoit particulierement

rement dans le nombre presque infini de statuës, de bas-reliefs, & d’autres ouvrages antiques de marbre que Conſtantin y fit venir
de tous coſtez, employant ces beaux reſtes
de l’Antiquité pour la rendre égale à celle de
Rome. Car deſlors il les regardoit toutes deux
comme les premieres villes, l’une de l’Empire
d’Orient, & l’autre de l’Empire d’Occident.

On ne voit pas dans le quatriéme ſiecle
d’autres perſonnes qui ayent paru ſous le nom
d’Architectes, mais bien quantité de gens
ſçavans & d’une qualité relevée qui ſe ſont
diſtinguez par l’intelligence particuliere qu’ils
avoient dans cét Art, & qui meſme ont fait
des entrepriſes conſidérables.

ALYPIUS d’Antioche qui remplit des ALYPIUS.
charges tres-importantes ſous l’Empereur
Julien, eſtoit ſi expérimenté dans l’Archite- Amm. Mar-
cture, que ce Prince voulant rebaſtir le Tem- cell. l. 33.
ple de Jeruſalem en faveur des Juifs, ne crut L’an 363. de
pas que perſonne puſt mieux que luy éxé- J. C.
cuter un deſſein ſi grand & ſi difficile ; & l’on
ne doute point en effet qu’il n’en fuſt venu
à bout, ſans l’accident impréveû & miracu-
leux qui le contraignit à l’abandonner. On
n’eût pas pluſtoſt commencé à creuſer la terre pour poſer les fondemens de ce nouveau

R

Temple, qu'on en vit fortir un torrent de flammes qui en un moment confommerent la plufpart des Ouvriers, & empefcherent qu'on ne continuaft ce travail, auquel Dieu ne parut s'oppofer de la forte que pour donner des marques plus éclatantes de la réprobation des Juifs, & de fa colere contre l'Apoftat Julien qui ofoit protéger ce peuple infidelle.

Sofom. Hift. Ecclef. l. 5. c. 21.

CYRIADES.

CYRIADES perfonnage recommandable par la dignité de Conful dont il fut honoré & par les grandes connoiffances qu'il avoit des méchaniques, ne mérite pas un moindre rang qu'Alypius parmi les perfonnes fçavantes dans l'Architecture. Ce fut luy qui fous l'Empire de Théodofe, ou peu d'années auparavant, fe chargea de baftir une nouvelle Bafilique, & un Pont dont il eft parlé dans les lettres de Symmaque.

L. 4. Epift. 71. L. 5. Epift. 74. l. 10. Epift. 38. & 39.

Il eft vray qu'on ne peut rien dire de ces édifices, finon que Cyriades n'y aquit pas tout l'honneur qu'on doit rechercher dans ces fortes d'ouvrages. Sa mauvaife fortune, ou pluftoft fa trop grande avidité pour le gain, luy attirerent une affaire fafcheufe fur les bras au fujet du Pont. On l'accufa d'avoir mal adminiftré les deniers publics qu'il avoit touchez pour cette entreprife ; & il

paroiſſoit en effet que ſon travail n'avançoit
point aſſez, & n'eſtoit pas meſme ſolidement
conſtruit pour la dépenſe qu'on y faiſoit. De
ſorte qu'on jugea à propos qu'un nommé
BONOSUS Officier des Troupes Romai- BONOSUS.
nes, & fort expérimenté dans l'Architecture,
éxaminaſt cét ouvrage ; & qu'AUXENTIUS, AUXENTIUS.
perſonnage Conſulaire, & accuſateur de Cyriades, priſt ſa place, & continuaſt à baſtir le
meſme Pont : ce qui auroit bientoſt fait con-
damner Cyriades à quelque peine conſidérable ſans les artifices dont il ſe ſervit pour ſe
mettre à couvert de ces pourſuites.

Il employa d'abord pour ſa défenſe tout
ce qu'il put inventer de moyens pour per-
ſuader que ſon ouvrage n'eſtoit pas en péril
comme on le croyoit, & qu'il rétabliroit aiſément les defauts qu'on y trouvoit. Enſuite il fit tant par ſes ſubtilitez & par ſes chi-
canes que Bonoſus aima mieux abandonner
la commiſſion qu'il avoit receuë que d'eſtre continuellement expoſé à diſputer avec
luy. Cyriades eût encore la malice d'obliger
Auxentius à s'enfuir par des accuſations qu'il
luy ſuſcita au ſujet du meſme ouvrage dont
il avoit eſté dépoſſedé. Enfin il obtint de
l'Empereur Théodoſe un reſcrit avec lequel

R ij

il se presenta devant Symmaque alors Préfet de Rome, pluſtoſt pour ſe faire abſoudre & reprendre la conduite du Pont, que pour ſe juſtifier, n'y ayant plus perſonne qui oſaſt le pourſuivre. Mais Symmaque qui prit un ſoin extraordinaire de réprimer les malverſations qu'on commettoit de ſon temps dans les ouvrages publics, & qui eût autant de lumiere & de connoiſſance de l'Architecture que ceux meſme qui en faiſoient une profeſſion particuliere, voulut éxaminer de nouveau l'affaire dont il s'agiſſoit; & afin que pendant cét éxamen le travail du Pont ne fuſt point interrompu, APHRODISIUS qui, outre l'honneur qu'il avoit receû du Conſulat, rempliſſoit encore alors les charges de Tribun & de Notaire qu'on ne donnoit qu'à des perſonnes d'un grand mérite, prit ſoin de continuer cét ouvrage à la place d'Auxentius qui s'en eſtoit fui comme j'ay déja dit.

  L'on ne ſçait point quelle fut la fin de ce procés : mais autant qu'on peut conjecturer par les lettres de Symmaque, il paroiſt que Cyriades ne devoit pas attendre un traitement fort favorable d'un juge ſi integre & ſi éclairé.

RECUEIL
HISTORIQUE
DE LA VIE
ET DES OUVRAGES
DES PLUS CELEBRES
ARCHITECTES.

LIVRE TROISIÉME.

CE fut au commencement du cinquié-
me siecle que parut l'Architecte E N-
TINOPUS. Il estoit de Candie. On ne sçait
rien de particulier des ouvrages qu'il a faits :
mais l'avantage qu'il a eû de contribuer à la
fondation d'une ville aussi considérable que
Venise, a rendu son nom célebre dans l'Ita-
lie. Plusieurs Historiens conviennent qu'il

ENTINOPUS.

R iij

alla le premier s'établir dans le lieu où cette ville est présentement située ; & les Archives de la Ville de Padouë portent que quand Radagaise entra en Italie, & que les ravages & les cruautez des Visigots contraignirent les peuples à se sauver en differens endroits, un Architecte de Candie nommé Entinopus fut le premier qui se retira dans les marais proche la mer Adriatique ; que la maison qu'il y bastit estoit encore la seule qu'on y vist lors que, quelques années après, Alaric continuant à desoler les Provinces d'Italie, & ayant sacagé la ville de Padouë, les habitans se réfugierent dans le mesme marais où Entinopus s'étoit retiré & y bastirent les vingt-quatre maisons qui formerent d'abord la ville de Venise.

On voit dans l'Histoire de Sabellicus les particularitez de la fondation de cette ville, & comment en l'an 420. le feu ayant pris à la maison d'Entinopus, & s'estant communiqué aux vingt-quatre autres maisons qui furent incontinent consommées, cét Architecte fit vœu que si la sienne échapoit d'un danger si évident, il en feroit une Eglise dédiée à l'honneur de Saint Jacques. Cét Auteur remarque qu'il n'eut pas fini sa priere, qu'aussi-

toſt le Ciel ſe couvrit de nuages, & qu'il tomba une pluye qui éteignit le feu : de ſorte que
ſa maiſon ayant eſté fort peu endommagée,
il en fit une Egliſe, comme il avoit promis.
Les Magiſtrats que les nouveaux réfugiez
avoient déja établis, contribuerent à la conſtruction & à l'embelliſſement de cette Egliſe, qui eſt la meſme que celle de Saint Jacques, ſituée encore aujourd'huy dans le quartier de Veniſe qu'on nomme *Rialto*, eſtimé
le plus ancien de la Ville.

Il eſt difficile de trouver le nom d'aucun
autre Architecte qui ait travaillé dans le meſme ſiecle qu'Entinopus ; & la recherche m'en
paroiſt d'autant plus inutile, qu'il y a peu
d'apparence qu'on en rencontraſt d'aſſez illuſtres dans un temps où les beaux Arts &
toutes les perſonnes qui les cultivoient tomberent dans les plus grands malheurs qui
puſſent leur arriver. L'on juge aſſez par la
fuite d'Entinopus du mauvais traitement
que chacun apprehendoit des Viſigots, &
je ne doute point auſſi qu'on ne connoiſſe
quels dommages ces Peuples apporterent à
l'Architecture, dés qu'on ſçaura qu'il n'y eût
point de lieu en Italie où ils n'employaſſent
le feu & le fer pour détruire tout ce qu'il y ^{J.B.Egnatius}
^{Venet. l. 4.}

avoit de plus beaux monumens fans excepter
ceux qui eftoient dans Rome ; puis que mefme ils euffent entierement démoli cette grande Ville, fi Alaric, aprés l'avoir prife de force, n'euft empefché fes foldats de ruiner les
édifices qui eftoient échapez à leur premiere
fureur.

Les Alains, les Vandales, les Suéves, les
Huns, & plufieurs autres Nations qui ra-
vagerent l'Empire fucceffivement, commi-
rent, chacun en particulier, les mefmes excés qu'avoient fait les Vifigots. Ils renverfe-
rent tout ce qu'ils trouverent de baftimens
confidérables fur leur paffage, & maltraite-
rent indifferemment toutes fortes de perfonnes, réduifant fous une cruelle fervitude
ceux mefme qui eftoient les plus diftinguez
par les lumieres & les excellentes qualitez
de leur efprit.

Prifcus qui a écrit l'Hiftoire des Peuples
Goths, fournit un éxemple du mauvais traitement que des gens experimentez dans l'art
de baftir receûrent des Huns. Il remarque
qu'Onegefius favori d'Attila, & le feul de
Huns qui témoignaft quelque forte de curio-
fité pour les belles chofes, avoit parmi fes ef-
claves un Architecte de Sirmium, dont le

nom

nom n'eſt pas connu ; qu'ayant appris ce que
cét eſclave ſçavoit faire, il luy donna ordre de
baſtir des Bains de pierre prés d'une maiſon
qu'il avoit en Scythie joignant le Palais d'Attila, qui n'eſtoit alors conſtruit que de bois ;
& que l'Architecte fit cét édifice avec d'autant plus de plaiſir, qu'il eſpéroit par ce moyen
recouvrer ſa liberté : mais qu'Oneſegius ne
le récompenſa pas comme il avoit eû lieu
d'eſpérer ; il adoucit ſeulement ſon eſclava-
ge, ne l'employant plus dans la ſuite qu'à
travailler de ſon art, ou à prendre ſoin des
Bains qu'il avoit baſtis, & d'y préparer ce
qui eſtoit néceſſaire pour ceux qui s'y alloient baigner.

Si ce qui arriva à cét Architecte fait connoiſtre les malheurs auſquels ceux de ſa profeſſion eſtoient ſouvent expoſez parmi les
nations Barbares, cela marque auſſi l'avantage qu'il receût de bien ſçavoir l'Architе-
cture, puis qu'il ſe trouve toûjours, & preſque
parmi tous les peuples quelques perſonnes
diſpoſées à favoriſer les arts, comme on pourra voir plus particulierement par ce qui ſuit.

Entre les Ouvriers qui parurent vers le
commencement du ſixiéme ſiecle, il n'y a
qu'un nommé A L O ï S I U S, qu'on puiſſe met-

S

tre au nombre des Architectes les plus estimez. Théodoric Prince des Oftrogots & Roy
d'Italie luy donna la conduite des baftimens
qu'il fit faire ou rétablir à Rome, particulierement des Bains & des Aqueducs qui
eftoient les plus endommagez dans la ville
& aux environs.

La magnificence de ce Roy jointe à d'autres vertus qui parurent en luy, n'eft pas
moins connuë que l'avantage que les arts
receûrent durant la plus grande partie de fon
regne ; car rien n'a efté plus utile à l'Architecture que les ordres que ce Prince donna
pour conferver ce qui eftoit refté des baftimens anciens. Il prit un foin extraordinaire,
non feulement d'empefcher qu'on ne les rui-
naft davantage qu'ils n'eftoient, mais auffi
de rétablir ceux qui eftoient endommagez ; & fa prévoyance fut fi grande pour cela,
qu'il commanda de raffembler tous les dé-
bris des édifices qu'on ne pouvoit reftaurer,
& de les tranfporter en divers lieux où il fit
conftruire de nouveaux baftimens, à deffein
d'y employer ces excellens reftes, principalement à Ravenne, où l'on éleva par fon
ordre une Bafilique tres-fomptueufe, appellée la Bafilique d'Hercules, qui fut ornée des

Caffiod. va-
riar. l. 1.
Epift. 29.

Caffiod. va-
riar. l. 1. Epift.
25.

Caffiod. va-
riar. l. 1. Epift.
6. l. 3. Epift. 9.
10.

fragmens antiques de marbre qu'on y apporta de toutes parts.

Ce fut dans cette ville que Théodoric fit travailler un nommé DANIEL, dont Cas-siodore parle avec estime, le loûant de l'industrie avec laquelle il sçavoit bien employer les différentes pieces de marbres antiques.

Au reste, l'amour que Théodoric témoigna dés le commencement de son regne pour les sciences & les arts, ne dura pas jusques à sa mort. Son humeur changea sur la fin de sa vie; & la cruauté qui le porta à faire mourir SIMMAQUE & BOECE, luy fit perdre l'amour qu'il avoit eû pour toutes les grandes choses. Il retomba dans la barbarie d'où ces deux grands hommes l'avoient tiré par leurs sages conseils, qui avoient esté d'autant plus favorables à l'Architecture, que Simmaque avoit une intelligence particuliere de cét art; & que Boëce estoit tres-sçavant dans toutes les parties des Mathématiques, comme il paroist par ce qu'en a écrit Cassiodore qui vivoit de leur temps, & qui n'eût pas moins de passion qu'eux pour l'Architecture.

L'on voit dans une des lettres de cét Au-

DANIEL.

Variar. l. 3.
Epist. 19.

Paul. Emil.
l. 1.

L'an 526.
SIMMAQUE.
BOECE.

Variar. l. 1.
Epist. 45.

S ij

teur, que Théodoric avoit prié Boëce de faire quelques horloges d'eau & des cadrans
au Soleil, afin d'en envoyer au Roy de Bour-
gogne qui témoignoit de la curiosité pour
cela ; & ensuite il le louë sur les ouvrages
qu'il avoit composez ou traduits touchant
diverses matieres de Mathématique. Dans
une autre lettre il est parlé des talens que
Simmaque avoit pour l'Architecture : & des
édifices qu'on éleva, ou qu'on rétablit à Rome sur ses desseins & sous sa conduite, principalement le théatre de Pompée que Théodoric luy manda de faire réparer. Voici quel-
quelques-unes des paroles dont Cassiodore se
sert au nom de Théodoric pour marquer l'estime qu'on faisoit de l'illustre Ordonnateur de
ces bastimens. *Fundator egregius fabricarum,
earumque compositor eximius ; antiquorum di-
ligentißimus imitator, modernorumque nobi-
lißimus institutor: mores tuos fabricæ loquun-
tur ; quia nemo in illis diligens agnoscitur,
nisi qui & in suis sensibus ornatißimus repe-
ritur.* Vous avez construit de beaux édifices,
» dit le Roy Théodoric à Simmaque ; vous
» les avez vous-mesme disposez avec tant d'in-
» telligence, qu'ils égalent ceux des anciens,
» & servent d'exemple aux modernes ; & tout

Variar. l. 4.
Epist. 51.

ce qu’on y découvre eſt une image parfaite «
de l’excellence de vos mœurs, car il n’y a «
que ceux qui ont les ſens & l’eſprit bien cul- «
tivez, qui ſoient capables des ſoins qui ſont «
néceſſaires pour bien baſtir.   «

Je laiſſe à juger aprés cela du ſçavoir de
Simmaque & de ſon mérite. Mais il paroiſt
que C A S S I O D O R E avoit auſſi une gran-   CASSIODORE.
de connoiſſance de l’Architecture : il excel-
loit dans pluſieurs parties des Mathémati-
ques ; il deſſeignoit fort bien toutes ſortes   Caſſiod. l. 2.
de baſtimens, & les peignoit avec la meſme   de tabernac.
                                                c. 12. & l. de
facilité ; ce qui fait croire qu’il a eſté l’ordon-   templ. Salom.
nateur de quelques édifices conſidérables,   c. 16.
principalement du Monaſtere qu’il fit faire
à ſes dépens proche de Ravenne, & où il
paſſa les dernieres années de ſa vie. Pour ce
qui eſt du réglement des mœurs ſi néceſſaire pour réüſſir dans la conduite des baſtimens, on voit que Caſſiodore eſtoit eſtimé autant par ſa grandeur d’ame, & par ſa
ſageſſe, que par les lumieres naturelles de
ſon eſprit, & par ſa profonde érudition ; enfin les excellens préceptes d’Architecture qu’il
donne en divers endroits de ſes écrits, font
juger qu’il n’eſtoit pas moins verſé dans cét
art que Boëce & Simmaque, & que c’eſt à ces

trois Patrices Romains qu’on eſt redevable
de la pluſpart des grandes choſes qu’on a rapportées de Théodoric, qui ſans doute n’euſt
jamais produit tant de nobles deſſeins, ſans
les conſeils & les inſtructions qu’il recevoit
de ces perſonnages ſi prudens & ſi éclairez.

Ce fut auſſi par le conſeil de Caſſiodore,
que la Reine Amalaſonthe fille de Théodoric
favoriſa, pendant ſon regne, les ſciences &
les beaux arts, dont elle voulut meſme que
le Roy Athalaric ſon fils euſt quelque notion. Il eſt vray que cette Princeſſe avoit
une connoiſſance ſi vaſte de tout ce qui eſt
digne de la grandeur & de la vertu des Rois,
que d’elle - meſme elle ſe ſeroit portée à entreprendre les ouvrages, & à faire les actions
qui l’ont fait regarder comme l’une des plus
magnifiques & des plus vertueuſes Reines
qui ayent paru. Divers Auteurs nous apprennent combien elle honora les perſonnes qui
excellerent de ſon temps dans les ſciences &
dans les beaux arts : mais il n’eſt pas néceſſaire d’en donner icy d’autres preuves que la
douleur qu’elle eût de la mort de Simmaque
& de Boëce, & que ce qu’elle fit en leur
faveur, auſſitoſt qu’elle eût la régence du
Royaume d’Italie, car alors elle ordonna non

Raph. Vola-
terr. l. 14. An-
throp.

feulement qu'on rendiſt aux héritiers de ces deux grands hommes les biens qu'ils avoient poſſédez, & qui avoient eſté confiſquez par l'ordre de Théodoric; mais auſſi qu'on relevaſt des ſtatuës érigées à leur mémoire, que ce meſme Prince avoit fait abbatre.

Les Goths ne furent pas les ſeuls qui commencerent à favoriſer l'Architecture dans les temps dont je viens de parler. On la cultivoit déja avec ſoin dans les Iſles Britaniques, puis qu'Arcturus, autrement dit Arturus, ou Artus, qui regnoit en ce païs, y fit baſtir quantité d'égliſes & d'autres édifices conſidérables.

Les François qui s'eſtoient depuis peu établis dans les Gaules témoignerent auſſi beaucoup d'inclination pour cét art, comme on peut juger par quantité d'Egliſes qu'ils conſtruiſirent ſous le regne de Clovis premier Roy Chreſtien, & ſous les fils de ce Prince, qui partagerent le Royaume de France aprés ſa mort. Clovis fit baſtir hors de Paris l'Egliſe de Saint Pierre & de Saint Paul, qu'on nomme préſentement Sainte Geneviéve: L'Egliſe & l'Abbaye de Saint Pierre, ou Saint Pere de Chartres, celle de Saint Meſmin prés d'Orleans, & pluſieurs autres furent auſſi

L'an 542. ou
559.
Greg. de
Tours, l. 3.
c. 29.
Aimonius, l.
2. c. 29.

conſtruites, ou par l'ordre de ce Roy, ou
durant ſon regne. Childebert, un de ſes fils
& ſucceſſeurs, éleva encore prés de Paris
l'Egliſe & l'Abbaye de Saint Vincent, depuis
appellée Saint Germain des Prez. Clotaire
I. frere de Childebert fit baſtir l'Egliſe de
Saint Médard de Soiſſons ; & quand il fut
entré en poſſeſſion de tout le Royaume de
ſon pere, par la mort de ſes freres, il donna
ordre qu'on refiſt l'Egliſe de Saint Martin de
Tours, qui avoit eſté entierement brûlée
avec la ville, & voulut meſme qu'on la cou-
vriſt toute d'étain.

L'an 564.
Greg. de
Tours, l. 4.
c. 19.

Quoy-qu'il ne reſte aujourd'huy que peu
de choſe de tous ces anciens édifices, il y en a
néanmoins aſſez pour juger de l'eſtat où l'Architecture eſtoit ſous nos premiers Rois. La
vieille tour quarrée qu'on voit à l'Egliſe de
Saint Germain des Prez à Paris, & celle de
l'Egliſe de Saint Pere à Chartres, qu'on eſtime
eſtre de ces temps-là, font aſſez connoiſtre que
ce que l'on cherchoit le plus dans les baſtimens, eſtoit de donner toute la ſolidité poſſible, ne penſant point alors à la beauté des proportions & des ornemens, qui provient de
l'intelligence du deſſein dont ils avoient peu
de connoiſſance, quoy - qu'il ſoit le fonde-
ment

ment de la bonté & de la beauté de l'Architecture.

Aussi paroist-il que pour construire tous ces differens édifices dont j'ay parlé, on n'employoit gueres d'autres sortes d'Ouvriers que des Maçons, qui n'avoient pour toute science qu'une pratique à bien préparer le mortier, & à choisir de bons materiaux ; en quoy ils ont à la verité apporté tant de précautions, qu'on ne voit rien de plus solide que ce qu'ils ont fait.

Je n'ay garde de mettre de semblables gens au nombre des Architectes : je crois mesme que peu de laïques ont mérité ce rang sous nos premiers Rois, puis que tous ne s'appliquoient quasi alors qu'à ce qui regarde le mestier de la guerre, laissant aux personnes d'Eglise le soin de cultiver les sciences & les beaux arts. Ce qui peut appuyer cette opinion à l'égard de l'Architecture, est qu'en France les premiers Moines travailloient eux-mesmes à construire leurs Monasteres, employant les plus intelligens d'entre eux pour conduire ces sortes d'ouvrages, sans se servir des séculiers. Ainsi les Supérieurs estoient souvent à la teste de leurs Religieux, pour donner les desseins & servir d'Appareilleurs. Bien loin que cela dérogeast à la dignité ec-

clesiastique, il s'est veû plusieurs Evesques
qui se sont fait honneur de passer pour les
Architectes & les ordonnateurs des Eglises
qu'ils ont construites, imitant en cela les
Grands-Prestres de l'ancienne Loy, qui s'employoient eux-mesmes, comme on a dit, à
bastir & à réparer le Temple de Jerusalem.

Grégoire de Tours qualifie d'Architecte
l'un de ses prédécesseurs nommé LEON,
& dit avoir veû quelques édifices que ce
Prélat prit soin de conduire. Quoy-qu'on ne
sçache pas d'autres Evesques qui ayent esté
connus pour Architectes dans le sixiéme siecle, il paroist néanmoins qu'il y en a eû plusieurs qui prenoient un soin particulier du rétablissement & de l'augmentation de leurs
villes Episcopales, & des autres lieux de leur
Diocese. Saint GERMAIN Evesque de
Paris donna les desseins de l'Eglise que Childebert fit faire proche de cette ville à l'honneur de Saint Vincent, laquelle, comme j'ay
déja dit, s'appelle aujourd'huy Saint Germain, du nom de celuy qui en a esté le principal Ordonnateur. L'on asseûre encore que
ce Prélat fut envoyé à Angers par le mesme Roy Childebert pour y bastir une Eglise à l'honneur de Saint Germain Evesque

d'Auxerre, & qu'aprés avoir achevé cét é-
difice il fit faire un Monaftere au Mans &
quelques autres en divers lieux. S. AVITE
Evefque de Clermont en Auvergne baftit
l'Eglife de Noftre-Dame du Port, celle de
Saint Genez de Thier, & en rétablit une
autre de Saint Anatolien qui eftoit prefte à
tomber. FEREOL Evefque de Limoges
fit refaire plufieurs Eglifes de fon Diocefe.
S. DALMATIUS Evefque de Rhodez fe
mefloit d'Architecture & voulut rebaftir fa
principale Eglife ; mais il la mit tant de fois
par terre, ne la trouvant pas affez belle, qu'il
mourut fans l'achever. Enfin S. AGRICOLE
Evefque de Châlons fur Saone eût foin auffi
des Eglifes qu'il fit conftruire, particulierement de fa Cathédrale qui eftoit ornée de
colonnes, & toute enrichie de marbre, &
d'ouvrage de mofaïque & de peinture : ce
qui fait connoiftre que les François tafcherent déflors de joindre la beauté à la folidité dans leurs édifices.

Ces deux derniers Prélats, de mefme que
S. GREGOIRE Evefque de Tours, qui
rebaftit l'Eglife de Saint Martin & quantité
d'autres de fon Diocefe, vivoient pendant
que Chilperic I. regnoit en Neuftrie, Chil-

S. AVITE
Evefque de
Clermont.

Hift. S. Aviti.

FEREOL
Evefque de
Limoges.
Gr. de Tours
l. 7. c. 10.
S. DALMA-
TIUS Evef-
que de Rho-
dez.
Aimon. l. 3.
c. 42.
S. AGRICOLE
Evefque de
Châlons fur
Saone.
Greg. de
Tours, l. 5. c.
46.
Aimon. l. 3.
c. 42.

S. GREGOIRE
Evefque de
Tours avant
l'an 600.

debert II. en Auftrafie, & Guntran en Bour-
gogne ; & que ces trois Princes favorifant
également les Sciences & les Arts, s'occupoient quelquefois de leur cofté à faire
conftruire ou des Eglifes, dont les plus magnifiques furent celle que Guntran fit baftir à Châlons fur Saone à l'honneur de
Saint Marcel, & une autre que Childebert
fit élever proche de Beauvais, à l'honneur
de Saint Lucien ; ou quelques édifices publics, comme les deux Cirques que Chilperic fit faire pour des fpectacles, fçavoir
un à Paris, & l'autre à Soiffons.

Voilà ce que l'on peut obferver touchant
les baftimens qui fe firent en France durant
le fixiéme fiecle. Il y eût dans ce mefme
temps divers Architectes & Ingénieurs célebres à Conftantinople, tant fous l'Empire
d'Anaftafe, furnommé Dicorus, que fous
celuy de Juftinien.

ÆTHERIUS, qui occupoit une des principales places dans le Confeil de l'Empereur
Anaftafe, fut le plus eftimé de tous les Architectes dont ce Prince fe fervit. Il eût
ordre de baftir dans le grand Palais de Conftantinople un édifice nommé Chalcis ; & il
y a apparence que ce fut luy qui éleva auffi

cette forte muraille qu'on fit de son temps,
pour empescher les courses des Bulgares &
des Scythes. Ce dernier ouvrage, qui marque l'extrême foiblesse où l'Empire d'Orient
estoit alors réduit, passoit pour considérable,
à cause qu'il s'étendoit depuis la mer jusques
à Selymbrie, ancienne ville de Thrace.

PROCLUS Mathématicien s'est aussi ren- *Proclus.*
du célebre du temps d'Anastase. Zonare dit
qu'il mit le feu aux Vaisseaux de Vittalianus *L'an 515.*
avec des miroirs faits de métal, & que par ce
moyen il défit luy seul l'armée navale de ce
Capitaine, qui s'estoit soulevé contre l'Empereur pour proteger les Catholiques qui
estoient alors persécutez par les Manichéens,
dont Anastase avoit embrassé le parti.

Lors que Justinien eût reconquis une
partie de l'Empire d'Occident & les Provinces que les Empereurs d'Orient ses pré-
decesseurs avoient perduës, & qu'il voulut *L'an 537.*
rendre son Estat aussi florissant par les Sciences & les Arts qu'il l'estoit devenu par les armes, il manda de tous costez des Architectes pour leur donner la conduite des édifices
qu'il entreprit de bastir en Asie, en Europe,
& en quelques endroits de l'Afrique. Entre
le grand nombre d'excellens Ouvriers qu'il

employa, il n'y en a point de si recommandable qu'Anthemius & Isidore, comme il n'y a point d'édifice de ces temps-là si renommé que l'Eglise de Sainte Sophie de Constantinople, dont ces deux Architectes eurent la conduite.

ANTHEMIUS eſtoit natif de la ville de Trallis. Il fut non ſeulement fort ſçavant dans l'Architecture, mais il paſſoit auſſi pour un habile Sculpteur, & meſme pour un excellent Mathématicien : car on ne doute pas que ce ne ſoit de luy dont Agathias a voulu parler dans un endroit où il dit qu'un célebre Mathématicien de Trallis, nommé Anthémius, qui s'eſtoit attaché au ſervice de l'Empereur Juſtinien, inventa divers moyens pour imiter les tremblemens de terre, le tonnerre, & les éclairs, & qu'il en fit pluſieurs expériences tres-ſurprenantes, entre autres celle d'un tremblement de terre qu'il excita autour de la maiſon d'un Rhéteur appellé Zénon, dont il avoit receû quelque injure, & qu'il épouvanta de telle ſorte par ce moyen, que Zénon ſortit avec précipitation de chez luy, craignant que ſa maiſon ne tombaſt. Agathias remarque que pour produire des effets ſi extraordinaires Anthémius ne

ANTHEMIUS.

Procope, l. 1.
c. 1. de ædific.
Juſtin.

fit autre chofe que mettre plufieurs chau-
dieres pleines d'eau bouïllante contre les
murs qui féparoient la maifon de Zénon de
la fienne. L'on voit un livre de machines
qu'on eftime eftre du mefme Anthémius.

Quant à ISIDORE, il eftoit de Milet, &
ne s'aquit pas moins de réputation qu'Anthemius, avec lequel il travailla à l'Eglife
de Sainte Sophie, & à divers autres édifices qu'ils firent conjointement par ordre de
l'Empereur Juftinien. On ne fçait point en
quelle année moururent ces deux fçavans
hommes. Ifidore eût un petit-fils qui naquit
à Conftantinople, & qu'on nomme à caufe
de cela ISIDORE Bifantin. Procope parle
avec éloge de l'un & de l'autre. Il dit que
le plus jeune rebaftit la ville de Zenobie*,
ayant pour affocié dans la conduite de ce
travail un autre Architecte de Milet, nommé JEAN, qui eftoit à peu prés de mefme
âge que luy, puis que tous deux eftoient
encore fort jeunes lors qu'ils acheverent ce
grand ouvrage avec un fuccés qui les fit confidérer comme deux des plus habiles Ouvriers de leur temps.

CHRYSES Architecte d'Alexandrie a-
voit paru quelques années avant les deux

Voffius de univerfæ Mathef. &c. c. 48. §. 18.

ISIDORE de Milet. Ædif. Juftin. l. 2. c. 8.

ISIDORE Bifantin. Ædif. Juftin. l. 2. c. 3. *Ville de Syrie.

JEAN de Milet.

CHRYSES. Procop. ædif. Juftin. l. 2. c. 3.

derniers que j'ay nommez. Ce qui le mit le plus en réputation, furent les digues qu'il fit à Dara ville de Perſe pour renfermer le fleuve d'Euripe dans ſon lit, & empeſcher que ſes flux & reflux n'incommodaſſent davantage cette ville. Procope rapporte que l'invention de ces digues fut revelée à Chryſes dans un ſonge, pendant lequel il crut voir un homme d'une grandeur extraordinaire qui luy en traçoit les deſſeins, & qui luy commanda de les aller propoſer à l'Empereur ; & que l'Empereur ayant eû auſſi de ſon coſté un ſemblable ſonge, il receût favorablement Chryſes, & luy donna la conduite de cette entrepriſe, qu'il acheva avec un ſuccés auſſi heureux que pluſieurs édifices qu'il avoit déja faits pour ce Prince.

Il y avoit dans la Cour de Juſtinien un nommé THEODORE qui poſſédoit un office de *Silentiarius*, c'eſt à dire qui eſtoit un de ceux qui empeſchoient qu'on n'interrompiſt le repos & le ſommeil de l'Empereur, employ fort eſtimé, puis que Gabazes Roy des Laziens en exerçoit alors un ſemblable. Ce Théodore eſtoit Architecte, & baſtit un Chaſteau à Epiſcopia prés d'Athyra ville de Thrace. Il ſervit auſſi dans les armées de Juſtinien

THEODORE.

Procop. de Bell. Perſ. l. 2. c. 13. 21. 29. Ædif. Juſtin. l. 4. c. 8.

nien en qualité d'Ingénieur; & il eft parlé de luy comme d'un homme qui excelloit particulierement dans l'Architecture militaire.

On peut dire néanmoins qu'à l'égard de l'Architecture militaire il n'y en a point qui fe foit aquis une plus grande réputation que FLAVIUS VEGETIUS RENATUS. Les écrits qui nous reftent de luy, font connoiftre qu'il n'ignoroit rien non feulement de l'art de bien fortifier les Places, & de faire des machines propres pour attaquer & pour fe défendre, mais qu'il fçavoit généralement tout ce qui regarde le meftier de la guerre, conformément à l'ufage du temps auquel il vivoit, & des lieux où il a efté employé. La plufpart de ceux qui ont parlé de luy, affeûrent qu'il compofa fon livre par l'ordre de l'Empereur Juftinien, quoy - que quelques-uns ayent crû que ce fut fous Valentinien. On voit à la tefte de fes écrits, qu'il prend la qualité de Comte de Conftantinople, qui eftoit un titre d'honneur que les Empereurs d'Orient donnoient aux perfonnes illuftres par leur fçavoir, comme les Empereurs d'Occident ont accordé dans les derniers fiecles le titre de Comte Palatin à de femblables fujets.

V

Procope & Agathias, qui nous apprennent tout ce qui a esté dit touchant les Architectes employez par Justinien, doivent aussi estre considérez comme deux personnages intelligens dans ce qui regarde l'Architecture, & sans lesquels on ignoreroit quasi tout ce qui s'est fait de leur temps.

Les ouvrages qui se firent dans les deux Empires sur la fin du sixiéme siécle, sont peu connus, & doivent avoir esté fort peu considérables, à cause que les desordres assoupis pendant la vie de Justinien se renouvellerent avec encore plus de violence qu'auparavant. Les Lombards, qui passerent en Italie sous les Empereurs Justin le jeune & Tybere, se rendirent maistres de toutes les villes, excepté de Rome & de Ravenne qu'ils ne purent prendre : mais ils ruinerent de nouveau ce qui estoit échapé à la fureur des Ostrogoths, qui se voyant chassez par l'Empereur Justinien, n'abandonnerent l'Italie qu'en détruisant tout ce qu'ils rencontroient sur leur passage, particulierement les églises & les édifices antiques qu'ils avoient euxmesmes réparez avec tant de soin pendant le regne de Théodoric, & sous la Reine Amalasonthe.

L'Empereur Maurice fut à la verité plus heureux au commencement de son regne que Justin ni Tybere; mais son avarice luy fit perdre les avantages qu'il auroit pû tirer de son bonheur & des connoissances qu'il avoit aquises, sur tout de l'art militaire, dont il a laissé un traité qu'on estime beaucoup. Enfin tous les Princes qui luy succederent jusqu'au commencement du huitiéme siécle, manquant de conduite ou de bonne fortune, ne fournissent aucun évenement qui fasse voir que leurs regnes ayent esté assez glorieux, ou assez paisibles, pour que l'Architecture pust faire quelque progrés pendant qu'ils ont duré. Au contraire l'irruption des Sarazins, & (ce qui fut le plus fascheux pour les arts) le ravage que l'Empereur Constans fit à Rome, où il ruina plus de bastimens & d'autres monumens antiques en moins de cinq jours qu'il y séjourna, que les Goths n'avoient fait pendant tout le temps qu'ils en avoient esté les maistres, n'offrent qu'une image affreuse des nouvelles calamitez ou les beaux arts tomberent alors.

Il n'y a eû pendant le septiéme siécle que deux Ingénieurs, Busas & Callinicus, qui se soient rendus célebres. BUSAS estoit un

V ij

foldat Romain que les Abares ou Avares prirent pendant qu’il chaſſoit hors du camp. Ce
fut luy, à ce qu’on prétend, qui apprit à
cette nation barbare la maniere de conſtruire l’Helepole, & d’autres machines de guerre dont ils n’avoient point encore connu l’u-
ſage, & que leur Roy Chagan employa a-
vec ſuccés dans les expéditions qu’il fit contre les Romains.

CALLINICUS eſtoit natif d’Héliopolis
ville d’Egypte. Il inventa le feu Grec dont
l’Empereur Conſtantin Pogonate, fils & ſucceſſeur de Conſtans, fit faire la premiere é-
preuve ſur une flote Arabe qu’il défit.

Mais pendant que l’éxercice des beaux
arts diminuoit d’un ſiecle à l’autre parmi
les Grecs & les Romains, les François aug-
mentoient leurs ſoins pour les cultiver. Clotaire II. fils de Chilperic eſtant reſté ſeul de
tous les Princes qui partageoient le Royaume de France avec luy, fit gouſter à ſes peuples une tranquilité dont ils n’avoient point
encore joûï depuis qu’ils demeuroient dans
les Gaules. Il ſe fit un ſi grand changement
dans leurs mœurs, qu’on commença deſlors
à y appercevoir de la politeſſe & de la dou-
ceur, au lieu de la rudeſſe & de cette ſorte

CALLINICUS.
Theophanes
Chronogr.

L’an 667.

Aimon. l. 4.
c. 6.
L’an 613.

de férocité que l'application continuelle au
meſtier de la guerre avoit renduë comme
naturelle parmi toutes les nations qui a-
voient paſſé le Rhin.

On peut bien juger que ſous un regne ſi
propre pour l'avancement des arts, l'Architecture ne demeura pas ſans faire quelque
progrés : mais comme il reſte peu de choſe
de l'hiſtoire de ces temps-là, on ignore ce
qui ſe paſſa de plus remarquable juſqu'à ce
que Dagobert fils & ſucceſſeur de Clotaire
baſtit l'Egliſe de Saint Denis, dont la ſomptuoſité ſuffit pour faire connoiſtre la magnificence qui éclatoit dans les monumens
que l'un & l'autre de ces Rois laiſſerent de
leur piété. Voicy ce qu'on apprend touchant
la conſtruction de cét ancien édifice.

Dagobert voulant éviter la colere du Roy
ſon pere, ſortit de Paris, alla dans un villa-
ge appellé, *Catuliacum*, & pour ſe ſauver
ſe jetta dans le lieu où repoſoient les corps
de Saint Denis & de ſes Compagnons. Il
n'y fut pas pluſtoſt entré que ces Saints Mar-
tirs luy apparurent, & luy promirent leur protection, en ſorte que les gens que ſon pere
avoit envoyez pour ſe ſaiſir de luy n'ayant
pû approcher de l'endroit où il eſtoit, & le

Paul. Emil. l.
1. V. Clot. 2.

V iij

voyant défendu par une puiſſance divine &
toute ſurnaturelle, ils en informerent le Roy,
qui n'ayant pas voulu les croire, alla luy-
meſme ſur les lieux, où ſurpris d'un évenement ſi extraordinaire, il appaiſa auſſitoſt
ſa colere, & pardonna à ſon fils.

Ce fut pour reconnoiſtre une faveur ſi ſignalée que Dagobert incontinent aprés la
mort du Roy ſon Pere entreprit de baſtir
l'Egliſe de Saint Denis dans le lieu où les
Saints Martyrs luy eſtoient apparus. Il dé-
cora cette Egliſe de quantité de colonnes de
marbre. Les voutes, les arcades, toutes les
murailles & les colonnes meſme eſtoient
couvertes, & parées de riches tapiſſeries re-
hauſſées d'or, de perles & de pierres précieuſes, qui paroiſſoient avec d'autant plus
d'éclat que l'édifice n'en eſtoit pas fort grand,
ainſi qu'on le pratiquoit dans la pluſpart des
égliſes qu'on conſtruiſoit dans ces temps-là.

Quelques Hiſtoriens diſent encore que
l'égliſe de Saint Denis eſtoit couverte d'argent, ſoit qu'ils ayent voulu parler de ces
riches tapis dont elle eſtoit toute reveſtuë
par dedans, ou qu'en effet ils cruſſent qu'il
y euſt des lames d'argent maſſif dans la cou-
verture extérieure ; qui eſt une choſe dont

Vers l'an 628.

De Ædif.
Eccl. B. Dion.
Suggerio Ab-
bate.

Aimon. l. 4.
c. 33. 41.

on n'a gueres d'éxemples ailleurs, & que
Gaguin semble néanmoins affirmer.   L. 3.

Dagobert fit travailler à plusieurs autres
édifices, particulierement à la tour de Strasbourg, que Clovis avoit commencé de rebaftir dés l'an 510. & qu'on n'acheva qu'en
l'année 643. comme il est marqué dans les   L'an 643.
Cartulaires de l'église Cathédrale de Strasbourg, à laquelle cette tour qu'on a encore
rebaftie depuis est présentement jointe.

Il n'est fait aucune mention des personnes
qui furent employées à la conduite des bastimens qu'on éleva sous le regne de Dagobert & sous les derniers Princes de la premiere race de nos Rois. L'on n'est pas mieux
informé de ceux qui eurent de semblables
emplois dans les autres païs où l'on bastissoit
alors. De sorte que ne pouvant nommer aucun de tous les Architectes qui ont esté jusqu'à la fin du huitiéme siecle, il faut se contenter d'apprendre quels ont esté les édifices les plus considérables qu'on fit pendant
cét intervalle de temps, & juger par ce moyen
de l'estime qu'on doit avoir en général pour
les personnes qui furent alors occupées à conduire ces sortes d'ouvrages.

Les bastimens que les Lombards consftruisirent en Italie pendant le septiéme siecle, doivent estre mis au nombre des plus

magnifiques ; particulierement l'église de Saint Jean que la Reine Theudelinde fit bastir à Monza, & que les Rois de Lombardie qui succederent à cette vertueuse Princesse choisirent pour le lieu ordinaire de leur

couronnement. Les églises que le Roy Pertericus & la Reine Rodolinde sa femme ordonnerent qu'on élevast à Pavie & à Perouze passoient encore pour tres - somptueuses : mais il n'est pas nécessaire de s'étendre sur tout ce qu'ont fait les Architectes Lombards, dont le mérite est assez connu, quoy-qu'on ne sçache point leurs noms.

On bastissoit aussi dans la grande Bretagne, du moins parmi les Merciens, quantité d'églises & de monasteres, entre lesquels il y en eût un fort considerable appellé Medeshamstede.

Ce fut SEXULPHE Abbé du lieu, & depuis Evesque des Merciens, qui le fit construire, prenant luy - mesme la principale conduite de l'ouvrage.

Quoy-que les Grecs, comme j'ay dit, eussent presque entierement perdu les grandes connoissances qu'ils avoient eües autrefois des plus beaux arts, & que tout ce qu'ils firent

d'édifices

d'édifices durant le septiéme siecle fût peu considérable en comparaison de ce qu'ils a-avoient fait auparavant : il faut néanmoins avoüer, qu'ils entreprirent encore plusieurs travaux sous l'Empire de Justinien fils de Constantin Pogonate, parce que ce fut sous luy qu'on rebastit les murailles du grand palais de Constantinople, qu'on l'accrut, & qu'on y fit quantité de nouveaux embellissemens. Justinien en donna l'Intendance générale à un Persan appellé ESTIENNE, fort intelligent, & expérimenté dans ce qui concerne l'art de bastir ; mais si insolent, & si cruel à l'égard des ouvriers qu'il eût sous sa conduite, que plusieurs y périrent par la fatigue du travail, ou par ses mauvais traitemens.

En ce mesme temps les Mores ou Arabes qui avoient affermi leur domination en Afrique & en Espagne, & qui commençoient à bien cultiver les sciences & les beaux arts, firent aussi des édifices assez considérables. On parle avec estime de ceux d'Abderamen fondateur & premier Caliphe de Maroc ; de Walid Almansor si célebre par ses conquestes ; de Jacob Almansor, qui fut aussi un Prince tres-puissant & tres-magnifique ; mais sur

X

L'an 762.

tout de la fameuſe Ville de Bagdet, que le
ſçavant Prince Aba-Jaafar Almanſor fit baſtir des ruines de l'ancienne Babilone, & où
ce Caliphe dépenſa la valeur de deux millions
d'or. Froila & Abderamen Rois des Mores en
Eſpagne firent encore faire de grands baſtimens, l'un dans la ville d'Oviede, qu'il fonda ; & l'autre à Cordouë, où l'on voit une
Moſquée baſtie par l'ordre d'Abderamen,
laquelle ſert préſentement d'Egliſe, & eſt
ornée d'un nombre preſque infini de colonnes de marbre.

Mais tout le monde convient que Charlemagne a ſurpaſſé tous les Princes que je
viens de nommer tant par ſa magnificence
que par ſa puiſſance & par ſes vertus. La
France, l'Italie, l'Allemagne, & les autres
lieux qui dépendoient de l'Empire de ce
grand Prince, conſervent encore pluſieurs
reſtes des baſtimens qu'il fit élever dans tous
ces différens endroits. Je ne m'engageray
point à rapporter tant de divers ouvrages,
puis que je ne puis nommer aucun de ceux
qui en furent les Architectes : mais je diray
qu'entre les édifices dont les Hiſtoriens ont
fait mention, il n'y en a point qu'on doive
eſtimer davantage que ceux que l'on conſ-

Marmol. l. 2.
c. 10.

L'an 757.
Mariana, hiſt.
de Eſpaña, l. 7.
c. 6.

L'an 787.

Carolus Sten-
gelius, in Mo-
naſterologia.

Eginhart.
Aimoin.
Paul. Æmil.
Rob. Gaguin.
Platin.

truisit à Aix-la-Chapelle. Charlemagne ayant choisi cette place pour la ville capitale de l'Empire d'Occident, n'épargna rien pour la rendre florissante. Il y fit bastir une Eglise tres-magnifique, d'où cette ville a pris le sur-nom de la Chapelle. Quelques Auteurs ont écrit qu'elle estoit selon le goust antique, & que pour la rendre plus semblable aux basti-mens des anciens Romains, on employa quantité de colonnes antiques, que l'Empe-reur fit transporter de Ravenne à Aix.

L'on estimoit aussi le Pont que ce Prin-ce fit faire à Mayence sur le Rhin. Il avoit 500. pas de longueur, & peut passer en ef-fet pour l'un des grands ouvrages qu'on ait jamais veûs en ce genre. Il estoit de bois, & fut bruslé un peu avant la mort de Charle-magne, qui n'eût pas le temps de le rétablir tout de pierre comme il avoit résolu. Le Pa-lais appellé *Ingelheim* prés de Mayence, ce-luy de Nimégue sur le Waël, & plusieurs autres qu'il fit faire, estoient aussi considérez comme des plus beaux qui eussent esté faits depuis plus de quatre siecles.

Paul Emile témoigne qu'il n'y a point de lieu dans l'Italie où Charlemagne n'ait laissé des marques singulieres de sa magni-

X ij

Eginhart. V. Caroli magni. Platin. V. Leon. III.

Paul. Æmil. V. Caroli magni.

Eginhart.

Aimoin. Ann.
L'an 813.

L. III.
Gaguin. l. 4.

Egnat. Venet.
l. 3. Roman.
Princ.

ficence. Ce fut luy qui rétablit la Ville de Florence, qui eſtoit entierement ruinée. Il contribua auſſi beaucoup à la ſomptuoſité des ouvrages que les Papes Adrien I. & Leon III. firent faire dans Rome, où l'on rétablit les murailles qui l'environnoient, les aqueducs, & quantité d'égliſes ; entre autres la Baſilique de Saint Paul, dont Adrien donna l'éxécution & l'entiere conduite à un de ſes Officiers, nommé JANUARIUS.

Ciacon. Vit.
Pontific Rom.

JANUARIUS.

Mais que ne fit point cét Empereur pour la gloire de la France, alors la maiſtreſſe de la plus grande partie de l'Europe ? Il voulut la rendre conſidérable par la ſomptuoſité des baſtimens. Ne ſe contentant pas de réparer les édifices qui avoient eſté ou ruinez par les Sarazins, ou négligez par les prédeceſſeurs du Roy Pepin ſon pere, il ordonna qu'on en baſtiſt encore de nouveaux dans toutes les Provinces du Royaume, qu'on agrandiſt les villes, qu'on les environnaſt de murs & de tours, qu'on y élevaſt des chaſteaux ou fortereſſes pour plus de ſeûreté, & qu'on conſtruiſiſt des ports à l'embouchure des grandes rivieres & ſur les coſtes de la mer. Il fit encore équiper un grand nombre de vaiſſeaux de guerre, tant pour réprimer les Normans

ou Danois qui commençoient alors à faire
leurs courfes dans l'Ocean, que pour s'oppofer
aux Mores ou Sarazins, qui s'eftoient rendus maiftres de la mer Méditerranée, mais
qui cederent bientoft cét avantage aux François, qui devinrent en peu de temps auffi
redoutables fur mer que fur terre.

Le foin que Charlemagne prit des ouvrages publics, paroift dans le deffein qu'il eût
de joindre les mers par le moyen de deux
canaux, dont un devoit fervir de communication entre la riviere de Mofelle & la
Saone, par où l'on auroit pû defcendre d'un
cofté dans la mer Oceane par la Meufe &
le Rhin, & d'autre cofté dans la mer Méditerranée par le Rhofne où la Saone fe dé-
charge. L'autre canal euft fervi à paffer du
Rhin dans le Danube, qui fe jette dans le
Pont-Euxin, ou Mer noire. Il eft vray qu'on
abandonna cette entreprife aprés avoir fait
une dépenfe affez confidérable pour le canal
d'entre le Danube & le Rhin, dont on avoit
déja creufé la longueur de plus de 3000. pas
fur 300. pas de large, & fur une profondeur
propre à des vaiffeaux de guerre.

Mais quoy-que ce deffein n'eût pas tout
le fuccés qu'on attendoit, il ne fut pas moins

Paul. Æmil.
l. II.

X iij

glorieux à Charlemagne ; & l'on peut dire
à la loüange de cét Empereur, que tous ces
grands travaux, les baftimens confidérables
dont il vint heureufement à bout, & les fommes extraordinaires qu'il y employa , ne
furent point à charge à fes Sujets, & ne di-
minuerent mefme en aucune maniere les
biens & les avantages qu'il leur procuroit
d'ailleurs.

Ce qui luy donna moyen de fubvenir à
tant de dépenfes tout à la fois, furent les tre-
fors qu'il trouva dans le camp des Huns a-
prés leur défaite. Car on tient que cette Nation ayant amaffé dans ce feul endroit toutes les dépouïlles des païs qu'elle avoit ra-
vagez, il y rencontra une quantité fi prodigieufe d'or, d'argent, & d'autres chofes de
prix, que toute la France en fut enrichie ;
& que Charlemagne, fans rien prendre fur
fes Sujets, a pû faire éxécuter toutes les
grandes entreprifes qu'on a rapportées de luy,
& laiffer encore aprés fa mort des richeffes
prefque infinies, dont il difpofa par fon tef-
tament, avec la mefme générofité, la mefme
prudence, & la mefme piété qu'il en avoit
ufé pendant fa vie ; c'eft-à-dire, faifant entrer fes peuples en quelque forte de parta-

L'an 814.
Annal. Ai-
moin.
Eginhart.

ge avec les Princes ſes fils, comme il avoit auparavant fait avec luy-meſme.

Aprés avoir fait connoiſtre avec combien de ſoin l'Architecture fut cultivée en France & dans tout l'Empire d'Occident ſous le regne de Charlemagne, on peut conſidérer en quel eſtat cét art a eſté en d'autres païs à la fin de ce meſme regne qui a duré prés d'un demi-ſiecle.

Si la puiſſance & l'amour des Souverains pour les grandes choſes ſont ordinairement la cauſe du progrés des ſciences & des beaux arts, on peut dire que les qualitez oppoſées ſont capables d'anéantir dans un Eſtat les belles connoiſſances aquiſes pendant pluſieurs ſiecles. C'eſt ce qu'on peut juger par ce qui eſt arrivé dans l'Empire des Grecs, où l'on vit tomber entierement l'Architecture, à cauſe de l'eſtat miſerable dans lequel les Empereurs de Conſtantinople furent réduits pendant la plus grande partie du huitiéme ſiecle & au commencement du neuviéme. Les Auteurs qui ont écrit l'Hiſtoire Biſantine font connoiſtre que non-ſeulement ces derniers Princes ne laiſſerent aucuns monumens conſidérables à la poſtérité; mais que Cedrenus. quantité de grands édifices & d'autres magnifiques travaux périrent fous leur regne autant par leur négligence & par leur déré-glement que par les defordres de la guerre & par les tremblemens de terre dont plu-fieurs villes furent affligées.

Au contraire, la puiffance des Arabes qui avoient étendu leur domination jufques aux portes de Conftantinople, & plus que tout cela la grandeur d'ame & tant d'excellentes qualitez qui parurent dans plufieurs de leurs Califes, ont rendu ces peuples capables de faire des travaux dignes de remarque. La ville de Fez en Afrique fut fondée vers l'an 793. par un Prince nommé Idris ; & l'un des fils de ce Prince en fit encore baftir une nou-velle fort proche de celle de fon pere. On pourroit rapporter quantité d'autres ouvra-ges de cette importance que les Miramolins ou Califes de Bagdet & de Maroc firent faire: mais il fuffit de dire qu'Aaron petit-fils d'A-ba-Jaafar Almanfor dont il a efté parlé cy-de-vant chériffoit fi fort les fciences & les beaux arts, que pour les entretenir il avoit toûjours auprés de luy cent perfonnes fçavantes qu'il avoit choifies & fait venir de differens en-droits. Ce Prince contracta une amitié tres-étroite avec l'Empereur Charlemagne. Il luy

envoya

Marmol. l. 2. c. 29.

Jean Leoni Affr.

Eutychius Annal. Arab.

Aimoin. an-mal.

envoya une célebre ambaſſade, & luy fiſt
pluſieurs préſens de grand prix, parmi leſquels il y avoit une horloge ſonnante à roûës
& à reſſorts, dont l'uſage n'avoit pas encore eſté connu en France, où l'on ne ſe ſervoit que de cadrans au ſoleil & des horloges
d'eau où de ſable. Ce fut auſſi le Calife Aaron, qui, à la conſidération de Charlemagne,
permit qu'on rebaſtiſt l'Egliſe du Saint Sepulcre, que Thomas Patriarche de Jéruſalem
qui prit ſoin de ce travail, fit refaire plus
grande & plus magnifique qu'elle n'avoit
eſté.

Du temps du meſme Calife il parut un
Ingénieur Arabe fort ſçavant dans les machines. L'on ne ſçait point ſon nom, mais
ce fut luy qui aprés s'eſtre fait Chreſtien,
alla à Conſtantinople, y ſervit quelque temps
ſous l'Empereur Michel Curopalates, ſurnommé Rengabe, & en ſortit mal ſatisfait
pour paſſer parmi les Bulgares, auſquels il
fit part de diverſes inventions dont ils ſe ſer-
virent contre les Empereurs d'Orient.

Almamon fils d'Aaron eût la meſme paſ-
ſion que ſon pere pour les grandes choſes.
Il fit baſtir un chaſteau ſur le bord du Nil
& une colonne fort haute pour marquer les

Y

cruës de ce fleuve pendant ſes débordemens.
Il permit auſſi à quelques-uns de ſes Officiers qui eſtoient Chreſtiens de baſtir des
Egliſes proche les lieux où il faiſoit ſa réſi-
dence. On peut encore remarquer que ce
Prince s'appliqua beaucoup à étudier la Geométrie, l'Arithmétique, & diverſes autres
parties des Mathématiques, & que pour
s'en inſtruire plus particuliérement il taſ-
cha de faire venir de Conſtantinople un
Mathématicien nommé LEON, dont le
ſçavoir avoit eſté long-temps inconnu dans
ſon païs à cauſe de l'ignorance qui régnoit
alors parmi les Grecs, mais qui devint depuis tres-célebre par l'empreſſement qu'Almamon eût de l'attirer auprés de luy. Ce
Calife luy écrivit d'abord une lettre remplie de marques d'amitié & d'eſtime; &
comme il ne put rien obtenir par ce moyen,
& que l'Empereur Theophile qui fut averti
des qualitez extraordinaires de Leon retint
ce ſçavant homme à ſon ſervice, Almamon réſolut d'envoyer un Ambaſſadeur à
Théophile, & de luy offrir un préſent de
cent livres d'or, afin qu'il permiſt à Leon
de faire le voyage d'Egypte, promettant
de le renvoyer peu de temps aprés. Mais

tous ces efforts furent inutiles. L'Empereur plus persuadé que jamais du mérite de
Leon, l'arresta auprés de luy par toutes sortes de bienfaits & d'honneurs, & luy donna
mesme l'Evesché de Thessalonique pour
l'obliger à passer le reste de ses jours dans
ses Estats. Pour Leon, Cedrenus remarque
qu'il employa tout son temps & tout son
crédit à faire refleurir les sciences & les beaux
arts à Constantinople ; qu'il y établit des
écoles de Mathématiques ; & que nonobstant les affaires qui l'appelloient auprés de
l'Empereur, il ne discontinua pas d'y donner
des leçons publiques, jusques à ce qu'il fut
élevé à la dignité Episcopale : car alors sa
place fut remplie par un nommé SERGIUS, SERGIUS.
qui fut aussi un tres-sçavant Mathématicien.

Une des principales choses que Char- Paul. Æmyl.
lemagne recommanda à ses enfans, lors que l. 3.
quelques années avant sa mort il leur donna une partie de ses Estats, fut d'avoir soin
de faire réparer tous les lieux qui en dépendoient, & de les embellir de nouveaux ornemens, estimant que le devoir d'un Prince
est de veiller à tout ce qui regarde la commodité publique & la gloire de l'Estat. Ce

précepte fut éxactement fuivi par Pepin Roy d'Italie & par Louïs Roy d'Aquitane ; lefquels firent faire & rétablir quantité d'édifices dans leurs Royaumes.

Louïs qui furvécut fon frere, & qui fuccéda à Charlemagne, tant au Royaume de France qu'à l'Empire d'Occident, euft fans doute égalé ce grand Prince par le nombre & la magnificence de fes baftimens, de mefme que par fa pieté qui luy aquit les furnoms de Pieux & de Debonnaire, fi la paix dont il fit jouïr tous fes peuples au commencement de fon Empire n'euft efté troublée par les defordres qui arriverent dans fa propre famille, & qui ont efté la fource d'une infinité de maux que la Monarchie Françoife a foufferts depuis.

Aimoin. l. 5. c. 8.

Entre les ouvrages qu'il fit faire on eftimoit beaucoup les Eglifes & les Monafteres de Saint Philibert, de Saint Florent fur Loire, de Karoffe, de Conches, de Saint Maixant, de Menat, de Manlieu en Auvergne, de Moiffac, de Saint Savin en Poitou, de Noaillé, de Saint Theotfroy, de Saint Paixant, de Solomnac à une lieuë de Limoges, de Sainte Marie, de Sainte Radegonde d'Agnane, de Saint Laurent, de Caunes,

& plusieurs autres Eglises, par le nombre
& la magnificence desquelles la piété de ce
Prince n'éclata pas moins que par les Réglemens qu'il fit pour réformer les abus qui
s'estoient introduits dans l'Estat Eccléfiasti-
que, où il réprima entre autres choses le
luxe & la somptuosité des habits qui con-
sommoient une quantité extraordinaire d'or,
d'argent, & de pierres précieuses. Il défendit aussi aux personnes d'Eglise d'éxercer
aucun des emplois qui sont contraires à la
dignité & à la sainteté de leur estat. Il leur
enjoignit en mesme temps de veiller avec
soin à la conservation des biens eccléfiasti-
ques, sur tout à bien entretenir les Eglises
& les édifices qui en dépendoient ; ce que
Charlemagne avoit déja fait auparavant,
chargeant tous les Prélats & les Bénéficiers
du Royaume d'avoir eux-mesmes l'œil sur
ces sortes d'ouvrages.

Ce fut sous le Regne de Loüis le Debonnaire qu'Ebon Evesque de Reims entreprit de rebastir l'Eglise Cathédrale de son
Diocese. Ceux qui ont écrit l'histoire de
cette Eglise disent qu'un nommé RUMAL-
DE Architecte du Roy en eût la conduite,
& qu'on ne se servit point d'autres maté-

riaux pour tout ce grand ouvrage que de ceux qu'on tira des anciennes murailles de la ville de Reims, dont on abbatit la plus grande partie pour ce sujet. En effet, l'on voit encore des lettres de Louïs le Debonnaire, par lesquelles il accorda à l'Eglise de Reims la permission de se servir de son Architecte Rumalde pendant tout le temps qu'il vivroit, & d'abbatre les murailles de la ville pour en tirer les matériaux. Cét édifice ne fut achevé que sous l'Episcopat d'Hincmar, qui apporta tous ses soins, ainsi qu'Ebon avoit fait avant luy, pour la rendre la plus magnifique qui fust alors. Il l'enrichit aussi de quantité d'ornemens tres-précieux : car ce Prélat fit faire un devant d'Autel d'or couvert de pierreries, une Image de la Vierge d'or pour mettre sur l'Autel, un grand Calice de mesme métal, qu'on donna quelque temps aprés aux Normands pour les empescher de piller la ville de Reims ; & enfin plusieurs Chasses, des lampes d'argent, des chandeliers, des couronnes, & des tapisseries.

L'estat déplorable où la France fut réduite tant sur la fin du Regne de Louïs le

Vers l'an 840.
Floard hist.
eccl. Remens.
l. 3. c. 5.

Debonnaire que sous les autres Rois de la race de Charlemagne, peut faire juger combien l'Architecture souffrit de dommage par tout le Royaume. Les Normands Danois, qui entrerent en France sous la conduite de Hasteing, ruinerent quantité des plus somptueux bastimens, entre autres l'Eglise de Saint Oüen à Roüen, qu'ils démolirent en l'année 842. & l'Eglise Cathédrale de Chartres qui fut brûlée avec la ville l'an 850.

Peu d'années aprés ils renverserent l'Eglise & le Monastere de Sainte Geneviéve de Paris. Ils mirent plusieurs fois le feu à l'Eglise & à l'Abbaye de Saint Germain des Prez, ruinerent l'Eglise de Saint Martin de Tours, & plusieurs autres Eglises.

Les Sarazins d'un autre costé estant descendus aux costes de France, pillerent l'Abbaye du Mont Saint Michel, & firent des ravages & des cruautez extraordinaires.

Pendant que ces peuples employoient toutes sortes de moyens pour détruire la France, le Roy Charles le Chauve qui veilloit soigneusement à sa conservation, fit tout ce qu'il put pour mettre les places en estat d'estre défenduës, soit en les forti-

fiant de murs & de tours, foit en les mu-
niffant d'hommes & de Machines, & en
faifant faire aux dehors les travaux néceffaires pour fouftenir une guerre fi cruelle,
& qui devint également dommageable pour
luy & pour fes fujets. Car fi elle fit perdre
aux François le repos dont ils avoient jouï
auparavant, elle diminua auffi beaucoup de
la grandeur & de la puiffance que les pré-
déceffeurs de Charles le Chauve avoient euë,
puis que durant cette guerre on enleva non
feulement la plufpart des païs conquis par
Charlemagne, mais encore diverfes autres
Provinces ; & que pour comble d'infortune
quantité de Seigneurs François s'agrandif-
fant fur la ruine de leur propre Prince, s'é-
rigerent en autant de Souverains & affoi-
blirent l'autorité de la Majefté Royale, aug-
mentant d'ailleurs les troubles du Royaume
par leurs divifions & leurs démeflez particuliers.

Entre les édifices les plus confidérables
qu'on baftit en France fous Charles le Chauve, l'on eftimoit l'Eglife & l'Abbaye de Noftre-Dame, appellée maintenant Saint Cor-
neille, que ce Prince fit élever à Compiegne avec plufieurs autres baftimens de la
mefme

L'an 876.

mefme ville, qu'il appella Charles-Ville de
fon nom. Ce mefme Prince fit refaire l'E-
glife & le Monaftere de Saint Benigne de
Dijon. Il s'eft fait divers autres édifices de
fon temps & fous le regne de fes fucceffeurs, tant pour eux que pour quelques Seigneurs qui fe font diftinguez par la puiffance qu'ils s'eftoient aquife dans le Royaume :
comme Baudouïn premier Comte de Flandres, & fes defcendans ; Hafteing chef des
Normands, qui fit baftir le Chafteau de
Blois, aprés que Charles le Chauve l'eût fait
Comte de Chartres ; & les Princes Nor- Paul. Æmyl.
mands, qui commencerent à favorifer les l. 3.
beaux arts auffitoft qu'ils furent établis dans
la Province qu'on a appellée depuis Normandie.

Ainfi l'on peut dire que nonobftant les
troubles dont la France fut agitée pendant
prés de deux cens ans, on ne laiffa pas de
faire une dépenfe en baftimens beaucoup
plus confidérable que dans tous les Eftats
voifins.

Ce n'eft pas que du cofté d'Italie, particulierement à Venife, l'on n'y fift toûjours
quelques nouveaux ouvrages. Vers l'an 820, M. Antonius
Angelo Particiatio, dixiéme Doge, ou Duc Sabellicus.
Decad. 1. l. 2.

Z

de la République de Venise, fit baftir le
Palais Ducal dans le lieu où le Sénat s'af-
femble à préfent. Ce mefme Doge, fous
qui l'Eftat des Vénitiens commença à s'accroiftre confidérablement, conftruifit encore dans Venife les Eglifes de Saint Zacha-
rie, de Saint Laurent, de Saint Severe, &
celle de Saint Hilaire, où il eût fa fepulture
l'an 827. Aprés fa mort, fes fils Giuftiniani
& Giovanni firent baftir l'Eglife de Saint
Marc l'Evangélifte, dont le corps avoit efté
enlevé d'Alexandrie par des Marchands Vénitiens qui l'apporterent à Venife vers l'an
828. & il n'y a prefque eû aucun des autres
Doges leurs fucceffeurs qui n'ait fignalé fon
gouvernement par de nouveaux ouvrages,
ainfi que par de nouvelles conqueftes. Car
Pietro Tradonico ordonna qu'on baftift l'E-
glife de Saint Paul. Orfo Particiatio fit
accroiftre la ville que Pietro Tribuno dix-
feptiéme Doge fortifia d'une muraille depuis le Chafteau jufques à l'Eglife de Sainte
Marie furnommée Zebenico. Enfin Pietro
Orfeolo vingt-troifiéme Doge, qui mourut
en odeur de fainteté l'an 978. fit refaire par
des Architectes Grecs dont on ignore les
noms, l'Eglife de Saint Marc, qui avoit efté

Sabell. Dec.1.
l. 2. & 3.

Sabell. Dec.1.
l. 3.
Vers l'an 860.
Vers l'an 880.
Sabell. Dec.1.
l. 3.
Vers l'an 900.
Sabell. Dec.1.
l. 3. & 4.

brûlée avec le Palais Ducal & plus de 300. maisons, sous Pietro Candiano son prédécesseur. Mais tous ces édifices n'estoient point comparables à ceux que les François avoient construits depuis le commencement du regne de Charlemagne.

L'on préfere mesme aux bastimens des Vénitiens, ceux que les Papes Pascal I. Grégoire IV. Sergius II. & Leon IV. firent *Vers l'an 826.* faire. Pascal ordonna qu'on bastist à Rome une église à l'honneur de Sainte Praxede, proche une ancienne Chapelle qui portoit le mesme nom, & qui estoit presque entierement ruinée. Ce fut aussi par son ordre qu'on rétablit l'église de Sainte Marie Major, & qu'on éleva celle de Sainte Cecile, qu'il orna de marbre, & enrichit d'ornemens précieux. Grégoire fit encore rebastir & réparer plusieurs églises vers l'an 830. entre autres celle où il transporta le corps de Saint Grégoire, & qu'il embellit de divers orne- *Vers l'an 845.* mens. Sergius ordonna qu'on refist l'Eglise de Saint Silvestre & de Saint Martin, & qu'on bastist joignant cette Eglise le Monastere qu'il dédia à l'honneur de Saint Pierre & de Saint Paul.

Quant au Pape Leon qui a surpassé en

magnificence plufieurs Princes de fon temps,
il fit non feulement achever l'églife de Saint
Martin & de Saint Silveftre que fon prédé-
ceffeur avoit laiffée imparfaite, mais il rétablit auffi les murs & les portes de Rome,
& baftit quinze groffes tours pour en défendre les principales entrées : au fujet de quoy
il donna fon nom à une partie de cette ville,
qu'il appella *Vrbs Leonina*, ainfi qu'il eftoit
marqué dans une des Infcriptions qu'il fit
mettre fur les portes, & que Platine a rapportée. On tient que ce fut encore ce Pape
qui fit élever l'églife de Sainte Marie *in
via nova*, & une tour qui eftoit à Saint Pierre
du Vatican.

Les troubles dont le Saint Siege fut agi-
té prefque incontinent aprés la mort de
Leon IV. & les déréglemens de la plufpart
de ceux qui fuccéderent à ce faint Pontife,
jufques à la fin du dixiéme fiécle, furent
caufe qu'il ne fe fit rien de confidérable
dans Rome pendant ce long intervalle, fi
ce n'eft durant le Pontificat de Benoift III.
& ceux de Nicolas I. de Formofe I. & de
Martin III. fous lefquels on travailla diverfes fois à réparer les églifes & plufieurs autres fortes d'édifices ; principalement fous

le Pontificat de Nicolas I. qui prit un foin extraordinaire de rétablir dans Rome tout ce qui y fut détruit par les inondations arrivées de fon temps.

On peut encore mettre les peuples des ifles Britanniques & les Allemans au nombre de ceux qui firent des ouvrages tres-confidérables. L'hiftoire d'Angleterre nous apprend qu'Elfrid Roy des Weftfaxons, fort porté pour les grandes chofes, régla fa dédépenfe de telle forte que du tiers de tout fon revenu il en employoit la moitié à payer un grand nombre d'Ouvriers qu'il faifoit travailler à divers ouvrages; & l'autre moitié à entretenir plufieurs Colleges qu'il établit, & à récompenfer quantité d'hommes fçavans qu'il fit venir de France & de quelques autres endroits de l'Europe, afin de faire fleurir dans fon Royaume les fciences & les beaux arts.

Eadward, furnommé l'ancien Roy des Anglois-Saxons, fit baftir en Angleterre plufieurs villes, chafteaux, citadelles, & quelques églifes, pendant qu'Elflede fa fœur Reine des Merciens fit faire dans toute l'étenduë de fes Eftats un fi grand nombre de divers édifices, qu'elle n'a pas moins fignalé

Z iij

ſon regne par ſa magnificence, que par ſa prudence, par ſa piété, & par ſa juſtice. Ead-mond, Eadgare, & Ethelrede, ſucceſſeurs d'Eadward, ordonnerent auſſi qu'on éle-vaſt quantité de baſtimens, principalement des égliſes & des monaſteres, dont on peut apprendre diverſes particularitez dans le li-vre intitulé *Monaſticon Anglicanum*, qui ne dit rien néanmoins des ouvriers qui les ont conſtruits.

Quant aux baſtimens d'Allemagne, Sten-gelius remarque que ce fut vers le temps dont je parle qu'on conſtruiſit le Monaſtere & l'Égliſe d'Einſidlen, appellé autrement l'Hermitage de Noſtre-Dame dans les mon-tagnes de Suiſſe. Eberhard fondateur & pre-mier Supérieur du lieu commença cét ou-vrage, & en prit luy-meſme la conduite, qu'il conſia par aprés entierement à un nom-mé THIETLAND, homme ſage, fort in-telligent dans ce qui regarde l'Architecture, & qu'il choiſit enſin pour ſon ſucceſſeur.

Gebhard II. Eveſque de Conſtance dans la Suabe, commença à faire élever vis-à-vis de ſa ville épiſcopale au-delà du Rhin, l'E-gliſe de Peterhauſen. Il arriva un accident à celuy qui eût la principale conduite de ce

travail. Un échaffaut rompit sous ses pieds,
de sorte qu'il se blessa dangereusement : mais
l'on tient que Gebhard le guérit incontinent par ses prieres, & que ce fut le mesme
qui acheva cette Eglise, qu'on estimoit l'u-
ne des plus considérables de la Suabe, estant
toute voutée de pierres, & ornée de pein-
tures.

De tous les païs voisins de la France, il
ne me reste plus à parler que de l'Espagne.
On peut dire que c'est un des endroits de
l'Europe où l'on faisoit le plus grand nombre de bastimens, mais où l'on en détrui-
soit aussi davantage. La guerre continuelle
entre les Mores & les Espagnols, & les ré-
volutions fréquentes que le sort des armes
apportoit entre ces deux partis, ont causé
la ruine de quantité d'édifices que les uns
& les autres faisoient construire pendant les
heureux intervalles dont la fortune les fa-
vorisoit alternativement. J'ay assez fait connoistre ailleurs l'estime que l'on doit faire
des ouvrages que les Mores ont laissez. Pour
ceux des Espagnols, ou pour mieux dire des
Goths, qui avoient pris le nom des peuples
naturels du païs, il n'y en a point qu'on doive tant considérer que ceux qui furent faits

fous le Regne d'Alphonſe le Grand, Roy de Leon & de Caſtille. Ce Prince fut le premier qui fit baſtir l'égliſe de Saint Jacques en Galice ; & parmi pluſieurs autres monumonumens de ſa pieté & de ſa magnificence, l'on eſtimoit beaucoup l'Egliſe Cathédrale d'Oviede qu'il fit refaire toute de marbre, & où il dépenſa deux cens mille écus d'or, qu'Aboalim Général des Mores qu'il défit & prit priſonnier, paya pour ſa rançon.

Raphaël Vo-
laterr. l. 2.
Saracen. bell.
Vers l'an 920.

Afin qu'on ne ſoit pas moins inſtruit de l'eſtat où l'Architecture eſtoit alors du coſté de l'Empire d'Orient que du coſté de la France, il eſt néceſſaire d'ajouſter à ce que je viens de dire, qu'auſſitoſt que les beaux arts eurent commencé à retrouver de l'appuy à Conſtantinople par les ſoins & par le crédit de Leon le Mathématicien, l'on vit cette ville ornée de nouveaux baſtimens. L'Empereur Baſile de Macédoine y fit rétablir tout ce que la guerre, les tremblemens de terre, & les incendies avoient ruiné ; entre autres l'égliſe de Sainte Sophie qui eſtoit preſte à tomber, le grand Palais, & quantité d'autres édifices dont on peut voir le dénombrement dans Cedrenus qui s'eſt beaucoup étendu à les décrire. Leon ſur-

furnommé le Philofophe, fils de Bafile de
Macedoine & fon fucceffeur, fit faire plufieurs églifes tres-magnifiques ; & fut d'autant plus porté à favorifer les fciences & les
arts, qu'il en avoit luy-mefme une connoiffance affez particuliere, comme on peut juger par les écrits qui nous reftent de luy. Son
fils Conftantin Porphirogénite n'eût pas
moins de paffion pour les grandes chofes :
il excelloit dans l'Arithmetique, dans la
Geométrie, dans la Mufique, & dans l'Af-
tronomie ; il écrivit fur la Philofophie, fit
venir à Conftantinople un grand nombre
de gens fçavans, dreffa une Bibliothéque,
eftablit de nouvelles écoles pour le public,
& mit enfin les fciences & les arts en tel
eftat qu'ils euffent pû bientoft fe perfectionner fi fes fucceffeurs avoient continué d'en
prendre les mefmes foins que luy ; mais ces
Princes les négligerent entierement du moins
jufques à la fin du dixiéme fiecle.

Voilà ce qu'on a crû devoir remarquer
touchant les ouvrages des Architectes dont
les noms ne font pas bien connus, foit que
les Auteurs ayent négligé d'en conferver
la mémoire, ou qu'ils les ayent défignez par
des mots équivoques , comme par ceux

A a

cy, *Structor*, *Extructor*, *Constructor*, *Ædificator*, *fecit*, *ædificavit*, *construxit*, & quelques autres à peu prés semblables, dont plusieurs Ecrivains se servent aussi-bien pour marquer les personnes qui ont fourni à la dépense des bastimens, que pour signifier les ouvriers qui les ont faits.

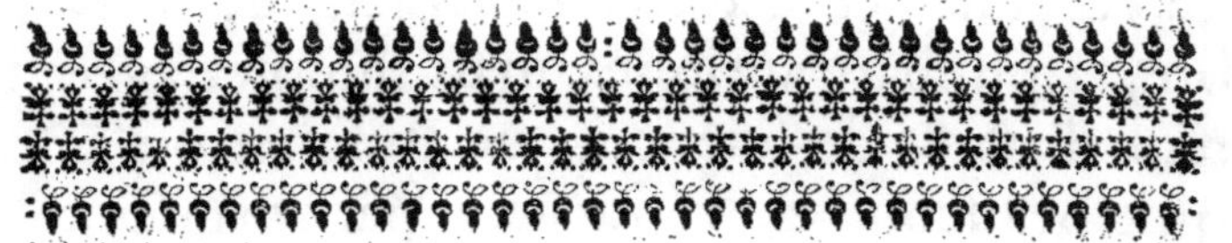

RECUEIL
HISTORIQUE
DE LA VIE
ET DES OUVRAGES
DES PLUS CELEBRES
ARCHITECTES.

LIVRE QUATRIE'ME.

IL y avoit au commencement de l'onziéme
siecle un célebre Architecte Grec que les
Italiens nomment BUSCHETTO DA DU-
LICHIO. La République de Pise, qui estoit
alors tres-florissante, le fit venir pour bastir
le dôme, ou église Cathédrale, qui a depuis
passé pour une des plus somptueuses de l'I-
talie. Cét édifice estoit enrichi de quantité

BUSCHETTO
DA DULI-
CHIO.

Vasar.Proem.
delle V. di
Pitt. Scult. &
Archit.

L'an 1016.

Aa ij

de colonnes & d'autres ornemens de marbre, la pluſpart antiques, mais diſpoſez avec
tant d'art & de ſcience, que Buſchetto s'a-
quit beaucoup de réputation par ce travail.
Il mourut à Piſe, & on luy éleva un tombeau, où entre autres Inſcriptions eſtoit
celle-cy :

Quod vix mille boum poſſent juga juncta
  movere,
  Et quod vix potuit per mare ferre ratis,
Buſchetti niſu, quod erat mirabile viſu,
Dena puellarum turba levavit onus.

L'on apprend par ces vers que cét Architecte avoit une intelligence particuliere des
machines, puis qu'il ſçavoit mouvoir de fort
grands fardeaux avec tres-peu de force. Il
laiſſa pluſieurs éleves dont on ne ſçait point
les noms, quoy-qu'on ſoit bien aſſeûré qu'il
y en ait eu de tres-habiles qui travaillerent,
quelques-uns à Piſe, où ils firent divers
baſtimens qu'on n'eſtimoit gueres moins que
l'égliſe Cathédrale ; d'autres à Piſtoye, où
l'on commença à élever une égliſe conſacrée à Saint Paul ; & quelques autres à
Luques, ou par ordre de cette République,
qui n'eſtoit pas moins floriſſante que celle de
Piſe, ils conſtruiſirent l'égliſe de Saint Martin,

qui a paſſé pour fort conſidérable dans le païs.

Les François qui n'avoient point ceſſé de cultiver l'Architecture, nonobſtant les guerres civiles & eſtrangeres qu'ils eurent à ſupporter ſous la pluſpart des Rois de la ſeconde race, s'employerent à cét art avec un ſuccés extraordinaire, auſſitoſt que Hugues Capet fut monté ſur le Trône. De ſorte qu'entre les baſtimens qu'ils firent ſous le regne du Roy Robert, il y en a pluſieurs qu'on ne fait point difficulté de mettre au rang des plus ſomptueux qui ſe voyent aujourd'huy en Europe. L'égliſe Cathédrale de Chartres eſt de ce nombre. Ayant eſté bruſlée pour la troiſiéme fois par le feu du ciel, ſous l'épiſcopat de Fulbert, ce ſaint Eveſque travailla auſſitoſt à la rétablir, & prit luy-meſme la principale conduite de l'ouvrage. Robert Roy de France, Kanut Roy de Dannemark & d'Angleterre, Guillaume Quatriéme Duc d'Aquitaine, Richard Duc de Normandie, Eudes II. Comte de Chartres, & pluſieurs autres Princes & Seigneurs donnerent des ſommes trés-conſidérables pour augmenter la magnificence de cét édifice.

Auſſi peut-on dire qu'il ne s'en eſt point

Hiſt. de Chartres.

L'an 1020.

Hiſt. manuſcrite de l'Abbaye de Saint Pere de Chartres.

Fulbert. epiſt. 14. 18. 62. 80. 101. 102.

Aa iij

fait alors de plus beau, de plus folide, ni de
plus grand. Il a dans œuvre 70. toifes ou environ de longueur, fur 18. toifes de haut. La
croifée a 35. toifes de long. La Nef a prés de 8.
toifes de large, & eft accompagnée d'une aifle
fimple de chaque cofté, haute de 7. toifes,
& large de 3. toifes & demie ou environ.
La croifée & le chœur font auffi environnez d'aifles, excepté qu'au-tour du chœur
elles font doubles, & qu'elles ont deux fois
autant de largeur que les aifles fimples de la
Nef. Outre cela il y a autour du rond-point,
ou chevet de l'églife, fept chapelles, d'ouvertures & de profondeurs differentes d'une
hauteur égale & pareille à celle des aifles,
ou bas-coftez. Les Grottes qui font fous cette églife, & qu'on prétend avoir efté com-
mencées dans le temps que les Druydes y
dédierent un Autel à une Vierge qui devoit
enfanter, ont prefque autant d'efpace que
l'églife haute. Ils occupent tout le deffous
des aifles qui accompagnent la nef, la croifée & le chœur; & il y a fept chapelles qui
répondent à celles d'enhaut; & mefme fous
le chœur, & en quelques autres endroits,
on trouve plufieurs caves, ou grottes les
unes fous les autres.

Pendant qu'on rétablissoit l'église Cathédrale de Chartres, le Roy Robert fit baftir Saint Rieule de Senlis, l'église Collégiale d'Eftampes, les églifes de Saint Hilaire, de Noftre-Dame & de Saint Aignan à Orleans, l'églife de Vitry, Saint Caffien à Authun, Saint Leger dans la foreft d'Iveline, l'églife de Noftre-Dame à Poiffy, & Saint Nicolas des Champs, prés fon Palais, hors la ville de Paris. Il fit environner Montfort & Efpernon de murailles fortifiées de tours ; & entreprit quantité d'autres édifices, qui font connoiftre qu'il n'aima pas moins l'Architecture que les autres arts & fciences dont il avoit fait une eftude affez particuliere fous le docte Gifbert Abbé de * Fleury fur Loire, de qui Fulbert de Chartres fut auffi difciple.

Ce fut encore vers le mefme temps qu'on commença de rebaftir à Paris l'église de Sainte Geneviéve. Thibault Preftre & Chantre de cette églife fit une partie de la tour fur laquelle le clocher eft élevé ; & un nommé Maignaud fit le portique de l'églife. Le refte du baftiment ne fut conftruit que dans le douziéme fiecle par Eftienne de Tournay Abbé du lieu.

Helgaldus v. Robert.

Paul. Aimyl. l. 3.

Gaguin. l. 5.

* Appellée aujourd'huy Saint Benoît fur Loire.

Ancien Necrologue de Sainte Geneviéve.

L'on fit aussi plusieurs bastimens considérables sous le regne de Henri I. fils du Roy Robert. L'église & le monastere de Saint Remy de Reims furent alors fondez par l'Abbé Hermer, & consacrez par le Pape Leon IX. qui y tint un Concile. Sa Sainteté engagea Yves Comte de Bellesme & d'Alençon & Evesque de Séez à rebastir son église Cathédrale, où ses gens avoient par malheur mis le feu, en voulant chasser une troupe de voleurs qui s'en estoient rendus les maistres, & qui la profanoient par toutes sortes d'infamies. Cette église avoit esté bastie peu de temps avant ce desordre par un Religieux nommé AZON, qui doit estre considéré comme un habile Architecte.

Leon IX. exhorta plusieurs autres Prélats & Seigneurs à refaire les églises ruinées, tant en France qu'en divers autres lieux de la Chrestienté ; & ce fut par ses remontrances que Constantin Monomaque Empereur d'Orient fit rebastir l'église du Saint Sepulcre de Jerusalem que les Sarazins avoient détruite à la fin du dixiéme siecle.

Paradin remarque qu'en l'année 1050. HUMBERT Archevesque de Lyon bastit le Pont de pierre, qui est sur la Saone, au milieu

lieu de la ville ; que ce Prélat en fut luy-mefme l'Architecte, & qu'il fournit toute la
dépenfe néceffaire pour une fi grande entreprife.

L'églife de Saint Lucien de Beauvais a
efté rebaftie vers l'an 1078. par deux ouvriers qu'on ne qualifie que du nom de
Cementarii dans un ancien Nécrologue,
parce que le mot d'Architecte eftoit alors
peu en ufage en France, & qu'on donnoit
la qualité de Maçon à tous ceux qui faifoient
profeffion de l'art de baftir. L'un des deux
ouvriers qui refirent l'églife de Saint Lucien,
fe nommoit WIRMBOLDE, & en conftruifit la plus grande partie, puis que l'autre
appellé ODON ne fit que la tour.

Je ne fçay fi l'on doit mettre au nombre
des Architectes un certain Maynard, & un
nommé Mainier, dont les noms fe trouvent
dans deux anciens Nécrologues de l'Abbaye
de Villeloin : car il n'en eft fait mention
que par ces mots, *Kal. Jan. obiit Maynar-
dus Ædificator noftri ejus loci,* & par ces autres, *8. Idus Augufti obiit Mainerius Ædificator noftri loci* qui peuvent fignifier, ou
qu'ils ont comme bienfacteurs fourni la dépenfe néceffaire pour élever ces baftimens,

Bb

Loifel. hift.
de Beauvais.

VVIRMBOL-
DE.

ODON.

ou qu'ils prirent la principale conduite de l'ouvrage, ou qu'ils firent l'un & l'autre tout enfemble. La mefme difficulté fe rencontre à l'égard de plufieurs autres perfonnes, que je ne nommeray point de peur de devenir ennuyeux.

Voilà cependant tout ce qu'on a pû apprendre des Ouvriers qui ont paru en France durant l'onziéme fiecle. L'on eft encore moins inftruit de ceux qui furent employez dans les lieux circonvoifins, & mefme en Angleterre, où l'Architecture eftoit foigneufement cultivée, foit par le Roy Edoüard, qui fit baftir l'églife de Weftmonfter; foit par Guillaume Duc de Normandie fon fucceffeur, qui fit conftruire une célebre Abbaye que les Anglois appellent la Guerre, parce que ce fut dans cét endroit qu'il acheva de fe mettre en poffeffion du Royaume de la Grande Brétagne, aprés une victoire fignalée qu'il remporta fur ceux du païs. Ce Prince baftit auffi en Normandie l'Abbaye de Saint Eftienne de Caën, quoy-que la Reine Mathilde fa femme euft déja fait élever dans la mefme ville une églife tres-fomptueufe à l'honneur de la Vierge.

Divers Auteurs ont parlé avec éloge des

Math. Vveft-monaft.

L'an 1066.

Math. Vveft-monaft.

L'an 1067.

Math. Vveft-monaft.

L'an 1085.

Ingénieurs qui suivirent les Princes Chref-
tiens durant la premiere Croifade ; mais ils
n'apprennent le nom d'aucun en particulier.
Paul Æmile dit que les plus habiles eftoient
ou Génois, ou Lombards ; qu'ils excelloient
dans la conftruction des Machines, & qu'ils
travaillerent avec le mefme fuccés à fortifier les places dont Godefroy de Bouillon
fe rendit le maiftre.

Je ne puis donc à préfent nommer de plus
ancien Architecte qu'un certain MARCO
JULIANO, qui travailla pluftoft par l'amour
qu'il avoit pour les beaux arts, que pour
faire une profeffion particuliere de baftir.
On ne fçait autre chofe de fes ouvrages,
finon qu'il conftruifit l'Hofpital général de
Venife & qu'il fit luy-mefme toute la dépenfe de ce grand travail.

Domenico Morofini, qui fut efleû Doge
en l'année 1148. avoit auffi beaucoup de paffion pour l'Architecture, & une connoiffance affez particuliere de cét art ; mais on ne
dit point qu'il fe foit engagé à conduire aucun édifice. Il en fit néanmoins élever plufieurs, entre autres la tour de l'églife de
Saint Marc, que BUONO, l'un des plus
habiles Architectes & Sculpteurs de ces

L'an 1096.

MARCO
JULIANO.
Sabellic. Dec.
1. l. 6.
Vers l'an 1120.

Sabellic. Dec.
I.
L'an 1148.

BUONO.

Bb ij

temps-là, conſtruiſit vers l'an 1154. Cét
ouvrier entreprit auſſi quelques baſtimens à
Ravenne, à Naples, à Arezzo, à Piſtoye &
à Florence.

Il eſt encore fait mention dans l'hiſtoire
de Veniſe de deux Architectes dont on ne
ſçait pas les noms, & que le Doge Sebaſ-
tiano Ziani fit venir, l'un de Lombardie,
& l'autre de Conſtantinople. Le premier fit
tranſporter de Grece à Veniſe deux colonnes de marbre d'une hauteur extraordinaire, qu'il dreſſa dans la place de Saint Marc,
où elles ſont encore maintenant. Enſuite il
baſtit un pont de bois à l'endroit que l'on
nomme Rialto, & fit tant d'ouvrages utiles aux Vénitiens, que la République luy
aſſigna une penſion conſidérable pour le reſte de ſes jours. Quant au ſecond Architecte,
ce fut luy qui rebaſtit l'égliſe de Saint Marc,
qu'on eſtimoit pluſtoſt par la richeſſe de la
matiere & la délicateſſe du travail, que par
ſa grandeur. Elle eſtoit de marbre, enrichie
de pierres précieuſes par dedans, & dorée
par dehors, au ſujet de quoy on l'appella
l'Egliſe dorée, & outre cela embellie d'u-
ne infinité d'ornemens de Sculpture de tous
les coſtez, de ſorte que les Vénitiens ne

croyoient pas alors qu'il se pust rien faire
de plus magnifique & de plus beau.

Sous le portique de cette église, qui subsiste encore aujourd'huy, on voit quantité
de figures de relief représentant les principaux ouvriers qui travaillerent à la rebastir.
Il y en a une entre autres d'un vieillard qui
a un doigt sur la bouche, & que les Vénitiens asseûrent estre l'image de l'Architecte
de Constantinople qui eût la principale conduite de ce bastiment. Ils disent qu'il fut re-
présenté de cette maniere, à cause de quelques discours impertinens qu'il fit en présence du Doge, déclarant d'une maniere
vaine & peu respectueuse que ce qu'il avoit
fait à l'église de Saint Marc, quelque beau
& excellent qu'il parust aux yeux des Vénitiens, estoit néanmoins peu de chose en
comparaison de ce qu'il auroit esté capable
d'éxécuter, s'il eust voulu s'en donner la
peine.

Je puis nommer quelques autres Architectes qui ont travaillé en différens lieux
pendant le douziéme siecle. Les Italiens met-
tent de ce nombre BONANNO de Pise ha- B.ONANNO.
bile Sculpteur, & un certain GUILLAUME GUILLAUME.
que Vasari croit estre né en Allemagne. Ces V. d'Arnolfo
Archit.

Bb iij

L'an 1174. deux ouvriers baſtirent la tour, ou campanile de Piſe, qui ſubſiſte encore à préſent;
mais qui s'eſt tellement affaiſſée d'un coſté
qu'elle eſt ſix braſſes hors de ſon aplomb,
ſans néanmoins ſouffrir aucun dommage,
tant parce qu'on en a promptement fortifié
le pied du coſté qu'elle eſt panchée, qu'à
cauſe de ſa bonne conſtruction, & qu'elle eſt
ronde dedans & dehors. Bonanno fit pluſieurs autres ouvrages aux enuirons de Piſe,
& travailloit encore en l'année 1180.

Platin. & Cia- Les Papes qui avoient aſſeuré la paix de
con. V. Pontif. l'Egliſe vers l'année 1122. commencèrent à
Roman. cultiver les arts. Calixte II. répara les égliſes, les aqueducs, & les murailles de Rome,
baſtit Saint Nicolas dans le palais Pontifi-
cal, & fit fortifier pluſieurs places de l'Eſtat
Eccléſiaſtique. Parmi ceux de ſes ſucceſſeurs qui aimerent davantage les baſtimens, on remarque qu'Eugene III. fit refaire le portique de Sainte Marie Major.
Anaſtaſe IV. orna la Rotonde de chapelles
tres-riches. Adrien IV. rétablit la ville
d'Orviette qui eſtoit deſerte, & preſque entierement renverſée; & fit fortifier divers
chaſteaux proche le lac de Sainte Chriſtine,
Vers l'an 1175. entre autres celuy de Radicophani, qu'il

rendit prefque imprenable. Alexandre III.
vit baftir de fon temps à Roureto, fur la riviere de Taro, une nouvelle ville qu'on
appella Alexandrie de fon nom. Lucius III.
& Urbain III. fon fucceffeur ont auffi
laiffé plufieurs monumens, ainfi que Clement III. qui fit faire le cloiftre de Saint
Laurent hors les murs de Rome, & rétablir Saint Jean de Latran. Celeftin III.
fit conftruire des édifices magnifiques, où
l'on commença à s'appercevoir du progrés
que l'Architecture faifoit deflors à Rome ;
& Innocent III. employa un habile Architecte & Sculpteur nommé Marchione,
dont je rapporteray les ouvrages aprés a-
voir parlé de quelques Architectes qui eftoient en réputation en France avant qu'on
le connuft en Italie.

Sugger Abbé de Saint Denis doit eftre
confidéré comme un des perfonnages les
plus intelligens dans l'Architecture qui
ayent paru pendant le douziéme fiecle. Il
fit refaire & augmenter l'églife de Saint Denis, prit luy-mefme la principale conduite
de cét ouvrage, le commença vers l'an 1140.
& l'acheva en moins de dix années avec
une magnificence extraordinaire, ainfi qu'on

Vafar.V.d'Ar-
nolfo Archit.

De ædifica-
tione Sancti
Dionyfii Sug-
gerio Abbate.
Recueilli par
du Chefne.

peut apprendre plus particulierement par la description qu'il en a donné luy-mefme.

On ne fait point de difficulté de mettre aufli parmi les plus fçavans Architectes de ce temps-là un Religieux Benedictin nommé HILDUARD. Il rebaftit l'églife de Saint Pere de Chartres, dont Foulcher Abbé du lieu fit la dépenfe. Comme cét Hilduard paffa une partie de fa vie dans le Monaftere de Saint Pere, l'on ne croit pas qu'il ait eû la conduite d'aucun autre baftiment que de cette églife, dont la ftructure eft fort eftimée.

HILDUARD.
Vers l'an 1170.
Hift. MS. de
S. Pere.

Il y avoit alors en Provence un Architecte appellé BOIILIVIIS, qui peut avoir fait une profeffion particuliere de baftir : mais on ne fçait rien de ce qui le regarde, finon qu'il conftruifit l'églife de Maguelone, où fon nom fe trouve marqué avec l'année 1178. qu'il la finit.

BOIILIVIIS.

Mais je ne dois pas obmettre icy ce que l'on apprend touchant l'Architecte qui a bafti le pont d'Avignon. Ceux du païs l'appellent S. BENEZET ; & les Auteurs qui ont écrit fa vie en latin, le nomment Benedictus. Le Pere Théophile Raynaud, croit qu'il avoit nom Joannes Benedictus, & que c'eft

S. BENEZET.
Bulle d'Innocent IV.
Vit. S. Joannis Benedicti
Paftor. & Pontif. tom 3.

c'est de luy dont il est parlé dans un titre de l'an 1187. que l'on garde dans l'église Métropolitaine d'Avignon. Quoy qu'il en soit, ils estiment tous que ce Saint, qui n'estoit qu'un Berger natif d'un lieu appellé Almilat *, fut inspiré de Dieu pour entreprendre de bastir le pont d'Avignon; qu'il alla dans cette ville à l'âge de 12. ans; & qu'ayant annoncé en public le sujet de son arrivée, il appuya ses discours par des actions si merveilleuses, qu'on fut obligé de reconnoistre en luy la main qui le conduisoit, & qui le fit agir si puissamment, que nonobstant son extréme jeunesse il commença & finit son entreprise avec un succés qu'on n'avoit jusques alors osé esperer.

On dit que pour marquer d'abord aux habitans d'Avignon la verité de ce qu'il leur annonçoit, il prit une pierre longue de 13. pieds & large de 7. que trente hommes auroient eû peine à mouvoir, & qu'en présence de tout le peuple, du Gouverneur & de l'Evesque appellé Pons ou Pontius, il la porta luy seul depuis le Palais Royal jusques à l'endroit où il fonda la premiere pile du Pont; ce qui donna tant d'admiration à tout le monde, & fit concevoir une espérance si

Cc

Martin Pol. Chronic.
Vincent. Bellov.
Spec. historiar. l. 29. c. 21.

*Theoph. Raynaud croit que c'est Alvilar dans le Vivaretz, à 3. journées d'Avignon.

L'an 1177.

Hist. Chronolog. de l'église d'Avignon par Franc. Nougier.

L'an 1177.

avantageuſe pour ce nouveau deſſein, que chacun contribua auſſitoſt avec joye à l'avancement de l'ouvrage, qui fut achevé dans l'eſpace d'onze années. Une des arches eſtant tombée peu de temps aprés, elle fut incontinent rétablie par les ſoins du meſme Architecte, qui baſtit auſſi alors à l'entrée de la Ville un Hoſpital où il inſtitua des Religieux qu'on nomma les Freres du Pont, parmi leſquels il paſſa la fin de ſes jours, ſoit qu'il fuſt leur Prieur, ainſi que prétend le Pere Théophile Raynaud, ſoit en qualité d'Inſtituteur, ou autrement. Il mourut bientoſt aprés avoir mis la derniere main à ſon principal travail, & fut enterré dans une Chapelle que l'on voit ſur la troiſiéme pile de ce pont du coſté d'Avignon.

Au reſte, il n'eſt point vray que ce ſoit ce meſme Architecte qui ait conſtruit l'Hoſpital de Lyon, & encore moins le pont du Rhoſne dans la meſme ville, ainſi que Paradin l'a voulu faire croire ; car il eſt conſtant que ce pont n'a eſté baſti que ſous le Pontificat du Pape Innocent IV. vers l'an 1244.

Quelqu'un a crû auſſi que Saint Benezet avoit eſté l'Architecte du pont Saint Eſprit : mais il y a des titres qui font évidemment connoiſtre que ce pont n'a eſté fondé qu'en l'année 1265. par un Prieur du monaſtere du lieu, appellé Jean de Tianges, qui en poſa la premiere pierre avec beaucoup de cérémonie.

Cependant on peut dire que le pont d'Avignon a donné lieu d'en baſtir pluſieurs autres ſur le Rhoſne, où l'on avoit eû peine juſques alors de faire de ſemblables entrepriſes à cauſe de la rapidité extraordinaire de ce fleuve.

Quant à MARCHIONE Architecte & Sculpteur Italien, il eſtoit natif d'Arezzo. S'eſtant aquis beaucoup de réputation par ſes ouvrages, le Pape Innocent III. le choiſit, comme j'ay dit, & luy ordonna de faire pluſieurs baſtimens, entre leſquels on conſidéroit fort l'égliſe & l'hoſpital du Saint Eſprit, l'égliſe de Saint Silveſtre, & la tour des Conti, ainſi appellée du nom de la famille dont Innocent III. eſtoit iſſu.

Marchione ne laiſſa pas, nonobſtant tous ces édifices qu'il acheva à Rome, d'en entreprendre encore d'autres en différens lieux, comme à Arezzo & à Boulogne. Vaſari parle de la plus conſidérable que cét Architecte baſtit à Arezzo. Il dit qu'il y avoit dans la

Theoph. Raynaud V. Joannis Benedicti.

MARCHIONE

Vers l'an 1200.

Vaſari V. d'Arnolfo Archit.

L'an 1216.

Plat. V. Pontif. Rom.

façade trois rangs de colonnes les unes au-
deſſus des autres ; que ces colonnes eſtoient
de deux différens modules, ou fort groſſes,
ou extrémement menuës, ouvragées de
Sculpture depuis le haut juſques en bas,
aſſemblées deux à deux dans des endroits,
& quatre à quatre dans d'autres, & ſouſte-
nuës la pluſpart ſur des eſpeces de conſoles
repreſentant divers animaux, travaillez avec
beaucoup d'art & de ſoin, quoy-que d'une
maniere fort capricieuſe.

C'eſt ainſi qu'en uſoient alors les plus habiles Architectes d'Italie. Comme il y en
avoit peu qui n'euſſent quelque pratique de
la Sculpture, ils affectoient d'en remplir leurs
édifices, & ſembloient ne faire conſiſter la
perfection de leur art que dans la délicateſſe & la multiplicité des ornemens, ſans
ſe mettre en peine ni des proportions des
Ordres, ni de la pluſpart des autres régles
que les anciens Grecs & Romains avoient
ſi ſoigneuſement étudiées.

On en doit penſer autant des Architectes
de France, d'Allemagne & d'Angleterre,
puis que les baſtimens conſidérables qu'on
voit de ces temps-là en tous ces différens
lieux, ont quaſi les meſmes defauts qu'on

vient d'obferver dans ceux d'Italie.

Mais pour revenir aux Architectes les plus connus, je diray ce que l'on fçait de ceux qui ont efté employez en France, ou aux environs, vers le temps que Marchione travailloit à Rome. La Chronique de l'Abbaye du Bec en Normandie fait mention d'un nommé INGELRAMNE, qui ayant eû la conduite de l'églife de Noftre-Dame de Roüën au commencement du treiziéme fiecle, entreprit auffi de rétablir l'églife du Bec fous Richard III. Abbé du lieu, & en fit une grande partie pendant un an & demi qu'il y travailla. S'eftant enfuite retiré, un autre Architecte appellé WAULTIER DE MEULAN prit fa place, & acheva en moins de trois ans tout ce qui reftoit à faire. L'on voit aujourd'huy peu de chofe de cét ancien baftiment qui fut brûlé deux fois dans le mefme fiecle, & rebafti en l'eftat où on le voit à préfent, fous Pierre de Caniba dix-feptiéme Abbé du Bec, vers l'an 1273.

ROBERT DE LUSARCHE parut en France dés le regne de Philippe Augufte. On ne fçait point s'il eut quelque part dans les ouvrages que ce Prince fit faire en divers lieux de fon Royaume, fur tout dans

INGEL-
RAMNE.

L'an 1212.

VVAULTIER
DE MEULAN.

ROBERT DE
LUSARCHE.

Cc iij

la ville de Paris qu'on augmenta, & qu'on embellit confidérablement par fon ordre.

L'an 1220. Mais il eft conftant que ce fut luy qui commença à baftir l'églife Cathédrale d'Amiens fous l'Epifcopat d'Evrard. Aprés qu'il en eut fait une partie, un autre Architecte ap-

Thomas de Cormont. pellé THOMAS DE CORMONT continua de l'élever, & laiffa encore quelque ou-

Renault. vrage que fon fils, nommé RENAULT, acheva. C'eft ce qu'on apprend par de vieux vers François gravez dans le pavé de la mefme églife au milieu d'un compartiment de marbre fait en forme de labyrinthe, où l'on voit auffi des figures reprefentant l'Evefque Evrard & les trois Architectes. Je ne rapporteray point l'Infcription en vers, parce qu'elle me paroift trop longue, & qu'on la peut lire dans les Antiquitez d'Amiens, où l'on trouvera une defcription fort ample de l'églife.

J'obferveray feulement que c'eft avec raifon que cét édifice paffe pour l'un des plus confidérables de ces temps-là. Le chœur & la nef ont dans œuvre environ 22. toifes de haut, 7. toifes de large, 60. toifes de longueur, & 30. toifes de croifée. Pour les aifles, ou bas coftez, elles ont prés de 3. toifes de largeur fur

7 toises de hauteur ; environnent la nef, le chœur & la croisée, & font accompagnées de Chapelles hors œuvre : ce qui fait que toute l'église paroist n'avoir gueres moins de 70. toises de longueur, estant d'ailleurs aussi estimée par la beauté & l'excellence du travail que par sa grande étenduë. Car on peut dire qu'il y a peu d'ouvrage gothique aussi parfait, puis que l'on n'y remarque aucun autre defaut que la trop grande hauteur qu'a la nef à proportion de sa largeur ; ce qui est mesme assez ordinaire dans la plufpart des anciennes églises de France.

On doit aussi confidérer comme un fça- vant Architecte un certain HUGUES LI- BERGIER, qui commença à rebaftir l'é- glife de Saint Nicaife de Reims en l'année 1229. Il fit les portiques & la nef jufques à la croifée, & mourut en l'année 1263. Sa tombe fe voit à l'entrée de Saint Nicaife, où on l'a reprefenté tenant dans fes mains un modelle de l'églife, une regle & un com- pas, & ayant autour de luy cette Infcri- ption.

Cy gift Maiftre Hugue Libergier qui a commencé cette Eglife l'an de l'Incarnation 1229. le Mercredy d'aprés Pafques, & mou-

1263. *rut l'an 1263. le Vendredy d'aprés Pasques:*
pour Dieu priez pour luy.

Ce fut dans ces temps-là que parurent
à Paris trois autres Architectes fort célebres,
JEAN DE CHELLES, Pierre de Monte-
reau, & Eudes de Montreul. Le premier baftit
à Noftre-Dame de Paris le portique qui eft à
l'un des bouts de la croifée du cofté de l'Ar-
chevefché, comme le témoigne cette Infcription qu'on y voit gravée en vieux caracteres.

Anno Dñi M°. CC°. LVII. menfe
Februario Idus fecundo hoc fuit inceptum
Crifti genĩtcis honori Kallenfi Lathomo vi-
vente Johanne Magiftro.

1257. » C'eft à dire, en l'année 1257. le 12. Fé-
» vrier, cecy fut commencée à l'honneur de
» la Mere de Jefus-Chrift, du vivant de Jean
» de Chelles maiftre Maçon.

Ce qui ne fe doit pas entendre de l'églife
entiere. Car on avoit commencé à la rebaftir dés le regne de Robert, ou mefme
fous celuy de Charlemagne ; & il eft conftant que l'Evefque Maurice, qui en fit faire
une grande partie fous Philippe Auguste,
laiffa peu de chofes à achever à Odon de
Sully fon fucceffeur, par lequel Jean de
de Chelles fut employé.

PIERRE

PIERRE DE MONTEREAU a fait
plusieurs ouvrages. On tient que c'est de
luy la Sainte Chapelle de Vincennes, & la
Sainte Chapelle de Paris ; le réfectoir, le
dortoir, le Chapitre, & la Chapelle de Nostre-
Dame qui sont dans le monastere de Saint
Germain des Prez. En effet tous ces édifices ont esté construits presque dans un mesme temps, & sont à peu prés d'une mesme
maniere de travail. La Sainte Chapelle de
Paris, quoy-que petite, est néanmoins fort
estimée, tant à cause de sa grande délicatesse,
que par la beauté de ses proportions géné-
rales, qui ne cedent en rien à celles qu'on
remarque dans quelques-unes des plus célebres églises de France. On peut dire la
mesme chose de la Chapelle de Vincennes
& de la Chapelle qui se voit à Saint Germain des Prez, dans laquelle l'Architecte
dont je parle est enterré. Il est figuré sur sa
tombe, tenant une régle & un compas à la
main, avec cette Epitaphe :

Flos plenus morum vivens Doctor La-
    thomorum,
Musterolo natus jacet Petrus tumulatus,
Quem Rex cœlorum perducat in alta po-
    lorum

Dd

Christi milleno, bis centeno duodeno,
Cum quinquageno quarto decessit in anno.

Ces vers signifient que Pierre natif de Montereau estoit estimé par ses bonnes mœurs, & par la connoissance qu'il avoit de l'art de bastir, & qu'il mourut en l'année 1266.

L'an 1266.
EUDES DE
MONTREUL.
* Vies des
Hommes il-
lustres l. 6.

Pour EUDES DE MONTREUL, Thevet * en parle comme d'un homme tres-illustre. Il dit qu'il accompagna Saint Louïs dans le voyage de la Terre-Sainte, qu'il fortifia le port & la ville de Japho ; & qu'a-prés son retour à Paris, ce fut luy qui eut la conduite de plusieurs des églises que ce Prince y fit faire, entre autres de Sainte Catherine du Val des Ecoliers, de l'Hostel-Dieu, de Sainte Croix de la Bretonnerie, des Blancs-Manteaux, des Quinze-Vingts, des Mathurins, des Chartreux, & des Cordeliers. Cét Architecte survécut Saint Louïs de 20. années, & ne mourut qu'en l'an 1289. ainsi qu'il estoit marqué sur son épitaphe, qui se voyoit dans la nef des Cordeliers avant l'année 1580. que cette église a esté presque entierement bruslée. La mesme épitaphe marquoit qu'il avoit eû deux femmes, dont l'une appellée Mahault se distingua

fort par sa vertu, & accompagna la Reine
dans le voyage de la Terre-Sainte.

C'est une chose surprenante que la quantité d'églises qu'on bastit en France du temps
de Saint Louis. Outre celles que je viens de
nommer, on éleva par ordre de ce Roy
l'église & l'abbaye de Saint Antoine prés
de Paris, l'église des Filles-Dieu, celles des
Jacobins, des Carmes, des Cordelieres du
Fauxbourg Saint Marcel; & quantité d'autres tant à Paris qu'aux environs, comme
l'Abbaye du Lis prés de Melun, l'Abbaye
de Long-Champ proche Saint Clou, l'Abbaye de Saint Matthieu prés de Roüen,
l'Hostel-Dieu de Vernon, l'Hostel-Dieu de
Pontoise, l'Hostel-Dieu de Compiegne, &
enfin l'église & l'Abbaye de Maubuisson,
l'église des Religieuses de Poissy, & le monastere & l'église de Royaumont, qu'on
estime estre les plus considérables monumens de ce grand Prince, qui ne surpassa
pas moins la pluspart de ses ancestres par
sa magnificence que par sa pieté & par ses
vertus. Aussi faut-il avoüer qu'il estoit beaucoup plus puissant que n'avoient esté ses
prédécesseurs : car ce fut sous son regne que
l'autorité de la majesté royale, qui avoit esté

Paul. Aimyl. l. 7.
Gaguin. l. 7.
Franc. de Bel-
leforest annal.

Le Sire de
Joinville.

D d ij

affoiblie par l'agrandiſſement de divers Seigneurs du Royaume, commença à recouvrer ſon ancienne vigueur, par l'abbaiſſe-
ment de ceux-meſmes qui avoient taſché
de l'opprimer.

De tous les Architeƈtes François qui vivoient du temps de Saint Louïs, il ne me
reſte plus à nommer qu'un certain JOUS-
SELIN DE COURVAULT, qui ſuivit
auſſi ce Prince dans le voyage de la Terre-
Sainte en qualité d'Ingénieur, & qui inventa diverſes Machines de guerre.

Quelques Ecrivains nous apprennent que
dans ce meſme ſiecle il parut en Portugal
trois Religieux de l'Ordre de Saint Dominique, qui ne ſe rendirent pas moins célebres par des baſtimens dont ils furent les Architeƈtes, que par la ſainteté qui éclata dans
leurs mœurs. L'un d'eux appellé S. GON-
SALVE, eſtoit natif d'Amaranthe, où il baſtit
un pont de pierre, & une égliſe qui a depuis
eſté conſacrée ſous ſon nom. Un autre de
ces Religieux qu'on nomme S. PIERRE
GONSALVE, lequel naquit à Tui en Galice l'an 1190. conſtruiſit auſſi un pont de
pierre proche le lieu de ſa naiſſance où il
mourut l'an 1240. aprés avoir fini ſon ou-

vrage. Enfin le troisiéme appellé S. LAU- S. LAURENT.
RENT fit encore un autre pont de pierre,
qu'on nomme le pont de Cavez.

   Parmi divers autres Religieux qui s'appliquoient à baftir en différens païs, il n'y
en eût point de plus intelligens dans l'Architecture que quelques Abbez de l'Ordre
de Cifteaux qui s'occuperent en Flandres à Anton. Sande-
refaire l'églife & le monaftere de Noftre- rus Fland. Il-
luftr. Rerum
Dame des Dunes. Celuy qui mit le premier Brugenf. l. 4.
c. 1.
la main à cét ouvrage s'appelloit PIERRE, PIERRE 7.
& eftoit le feptiéme Abbé du lieu. Il n'eut Abbé de N.
D. des Dunes.
d'abord deffein que de réparer les anciens
édifices, & de faire quelques aqueducs &
canaux néceffaires pour la commodité de
la maifon. Mais ayant connu que ces répa-
rations & ces ajuftemens ne fuffifoient pas
pour mettre le monaftere en bon eftat, il
réfolut de commencer à le rebaftir tout entier, & pofa les nouveaux fondemens dans L'an 1214.
l'année mefme qu'il mourut. AMELIE fon AMELIE
fucceffeur travailla à ce mefme deffein juf- 8. Abbé.
ques en 1221. Car alors il quitta la fonction
d'Abbé pour paffer le refte de fes jours dans
la folitude. GILLES DE STE'NE qui GILLES DE
luy fucceda, employa cinq années à la conf- STE'NE 9.
Abbé.
truction de l'églife, & fe retira de mefme

Dd iij

que son prédécesseur, remettant le soin de continuer cét ouvrage à SALOMON DE GAND dixiéme Abbé, lequel y travailla aussi avec beaucoup de zele pendant l'espace de cinq autres années. Aprés ce temps Salomon mit en sa place NICOLAS DE BELLE qui surpassa tous ses prédécesseurs par l'amour & l'intelligence qu'il eut de l'Architecture, & par la grandeur des bastimens qu'il fit durant 21. années qu'il fut Abbé. LAMBERT DE KENLE son successeur continua pendant cinq années les ouvrages qui avoient esté commencez, & chargea ensuite de ces travaux un nommé THEODORIC en faveur duquel il se démit de son Abbaye. Ce Théodoric acheva l'église que l'on dédia en l'année 1262. & finit tous les autres bastimens qui estoient restez à faire.

Ce qu'on peut encore remarquer d'assez particulier dans cette réédification de Nostre-Dame des Dunes, est qu'il n'y eut que les Religieux & les gens du monastere qui y mirent la main; qu'ils estoient au nombre de plus de quatre cens personnes, tant Profez, Convers, que Freres-lais & serviteurs; & que plusieurs d'entre eux s'appliquoient

les uns au deſſein, à la Peinture & à la
Sculpture , & les autres à la Maçonnerie,
la Charpenterie, la Menuiſerie , la Serru-
rerie , & autres arts dépendans de l’Architecture.

Avant que de reprendre la ſuite des Architectes qui ont paru en Italie , il eſt à propos de dire quelque choſe de l’eſtat où l’art
de baſtir eſtoit hors de l’Europe.

Les Arabes, quoy-que fort affoiblis par les
diviſions & les deſordres qui s’éleverent parmi eux , & par les guerres qu’ils eurent à
ſouſtenir contre les Princes Chreſtiens, ne
laiſſerent pas de continuer à cultiver les
beaux arts, & à faire paroiſtre de la magnificence dans leurs baſtimens. Il n’en faut point
d’autres preuves que ce que Joſeph deuxiéme
Roy d’Afrique, de la famille de Bénemerin ,
fit pour l’embelliſſement des deux villes de
Fez. Il ordonna de les joindre, en renver-
ſant une partie des murailles de l’une & de
l’autre de ces villes , & en baſtiſſant pluſieurs
ponts de pierre ſur la riviére qui les ſéparoit.
Il y fit faire de grandes Moſquées enrichies
de colonnes de marbre, d’ouvrages de Mo-
ſaïque, de peinture , & d’autres ornemens ;
mais ſur tout quantité de canaux & d’aque-

Marmol I. 2.
c. 31.
Joan. Lioni
Afric.

ducs dont il donna la conduite à un Marchand Génois qui luy parut fort expérimenté dans ces fortes d'ouvrages.

Si l'on veut encore juger de ce qui fe faifoit parmi d'autres peuples, & mefme dans les païs les plus éloignez, il ne faut que lire ce que différens voyageurs ont rapporté des travaux que Lalibala Roy d'Ethiopie entreprit dans le treiziéme fiécle pendant l'efpace de quarante ans qu'il regna. François Alvarez & Leutholph décrivent fort éxactement certaines églifes que ce Prince Chreftien fit tailler dans le roc par des ouvriers qu'il envoya chercher en Egypte; & l'on a mefme les plans de fept des plus confidérables de ces églifes, dont la plus grande a au moins 25. toifes de longueur, compris un portique qui eft à l'entrée. Elle eft ornée par dedans de quatre rangs de groffes colonnes ou pilliers qui forment trois maniéres de nefs d'égale largeur & deux corridors. Il y a auffi plufieurs petites colonnes avec leurs bafes & chapiteaux, & divers ornemens d'Architecture & de Sculpture fort bien travaillez, & taillez dans le vif de la roche.

Ceux qui ont écrit l'hiftoire de l'Amérique

que obſervent que Cuzco ville capitale du
Perou fut fondée vers l'année 1200. par les
habitans du lieu, ſous la conduite d'un Ynca
nommé Manco Capac ✶, de qui ces peuples
apprirent à bien baſtir des maiſons, à fabri-
quer des armes défenſives & offenſives, &
à éxercer les arts les plus néceſſaires à la vie
civile, dont ils aquirent une tres-grande
connoiſſance avant qu'on euſt découvert
leur païs.

Joſeph. à Coſta hiſt. nat. & mor. des Indes, l. 5. c. 20. Guarcilaſſo de la Vega l. 7. c. 29.

✶C'eſt à dire, riche en eſprit.

Pour revenir aux Architectes d'Italie,
je diray que Vaſari en remarque trois qui
parurent à peu prés dans un meſme temps.
Le plus ancien eſtoit natif d'Allemagne, &
s'appelloit JACOPO, ou LAPO, par une
abbréviation dont les Florentins uſent ordinairement. Il travailla d'abord à Aſſiſe, & y
rebaſtit l'égliſe de Noſtre - Dame, qu'un
Religieux & diſciple de Saint François,
nommé frere Helie ✶, avoit élevée quelques
années avant la mort de ce Saint. Cét édifice & le Convent des Freres Mineurs qu'on
baſtit auprés, furent achevez l'an 1218. &
acquirent tant de réputation à Lapo, qu'on
luy donna la conduite de pluſieurs autres
ouvrages fort conſidérables en divers lieux;
ſur tout à Florence, où il paſſa la plus gran-

JACOPO, ou LAPO.

✶ Premier Général de l'Ordre des Freres Mineurs ſelon Raph. Volater. l. 21. Antropolog.

de partie de fa vie, & y mourut vers l'an 1262.

FUCCIO Architecte & Sculpteur Florentin, qui baftit à Florence l'églife de Sainte Marie fur Arne, fut auffi fort eftimé. Il alla à Naples, où il acheva le Chafteau de l'Oeuf, & celuy appellé alors Capaona, & depuis la Vicheria, qui avoient efté commencez par l'Architecte Buono, & fit plufieurs autres édifices, tant en cette ville qu'aux environs.

Mais NICOLAS DE PISE eft celuy que l'on confidéroit le plus. Il s'apliqua également à l'Architecture & à la Sculpture, & réuffit fi bien dans l'un & l'autre de ces arts, que fon nom fe répandit bientoft par toute l'Italie. Je ne parleray icy que de fes baftimens. L'un des premiers qu'il entreprit fut l'églife & le Convent des Freres Prefcheurs dans la ville de Boulogne. Il en fit des modeles vers l'an 1231. aprés avoir fini un tombeau de marbre pour mettre le corps de Saint Dominique Inftituteur de cét Ordre. L'on eftimoit encore beaucoup tout ce qu'il fit dans la ville de Pife fa patrie. Vafari obferve que cét Architecte ayant reconnu la mauvaife

qualité du terrain de cette ville, il ne voulut y élever aucun édifice confidérable qu'il
n'euft auparavant piloté toute l'étenduë de
fa fondation, & qu'enfuite il pofoit les fondemens qui n'eftoient autres que des maffifs
de maçonnerie contrebutez par des arcs,
fur lefquels il élevoit par aprés fes murailles & le refte de fon baftiment : ce qu'on
n'avoit point jufques alors pratiqué à Pife,
& qui eut le fuccés que Nicolas en avoit
efperé. Car aucun des ouvrages qu'il fit de
cette maniere n'a manqué par la fondation,
au lieu que les anciens, qui fe voyoient de
fon temps dans la mefme ville, avoient prefque tous ce defaut fi contraire à la folidité,
qui eft la principale partie de l'Architecture.
Ce fut donc avec de femblables précautions
qu'il baftit une églife à l'honneur de Saint
Michel dans le Fauxbourg des Camaldules,
quelques autres églifes, de grands palais, &
la tour ou campanile de Saint Nicolas aux
Auguftins, qu'on confidéroit comme l'ouvrage le plus ingénieux qu'il euft fait. Cette tour eftoit octogone par dehors, ronde
par dedans, & ornée de colonnes de toutes
parts, & renfermoit une fort belle maniere
d'efcalier, qui a fervi de modelle à plufieurs

ſemblables qu'on a faits depuis en différens endroits d'Italie. Le meſme Architecte donna en l'année 1240. le deſſein de l'égliſe de Saint Jacques qu'on commença alors d'élever à Piſtoye, baſtit vers le meſme temps l'égliſe de Padoüë, & celle des Freres Mineurs à Veniſe preſque incontinent aprés. Il fit encore un deſſein pour baſtir l'égliſe de Saint Jean dans la ville de Sienne, & d'autres pour une égliſe & un monaſtere de la Trinité à Florence, & pour Saint Laurent à Naples. Il donna ce dernier à éxécuter à un de ſes Eleves, nommé MAGLIONE, lequel eſtant Architecte & Sculpteur de meſme que ſon Maiſtre, entreprit à Naples, outre l'égliſe de Saint Laurent, pluſieurs tombeaux & pluſieurs autres ſortes d'ouvrages.

MAGLIONE.

Pendant cela Nicolas travailla à Volterre à embellir & accroiſtre le dôme, ou égliſe Cathédrale de cette ville. Il fit la tribune de l'égliſe de Saint Jean à Piſe, une autre tribune dans le dôme de Sienne. Il donna le deſſein d'une égliſe & convent de Saint Dominique à Arezzo ; & aprés avoir eſté appellé à Viterbe par le Pape Clement IV. il y rétablit par l'ordre de ſa Sainteté l'égliſe

L'an 1254.

L'an 1267.

& le convent des Freres Prescheurs. Ce qu'il
n'eut pas pluſtoſt fait qu'il alla à Naples, &
baſtit une égliſe & une abbaye fort magnifique, que Charles d'Anjou, frere de Saint
Loüïs, fit fonder dans la plaine de Taglia-
cozzo, en mémoire de la victoire ſignalée
qu'il remporta ſur Conradin qui avoit uſur-
pé la plus grande partie des Royaumes de
Sicile & de Naples.

Nicolas travailla encore à l'égliſe de Sainte Marie à Orviette, & ce ne fut qu'aprés
avoir fini ce qu'il y avoit entrepris qu'il ſe
retira à Piſe, où il paſſa la fin de ſes jours
dans le repos que demandoient ſes longues
fatigues. On ne ſçait point en quelle année
il mourut : de ſorte qu'il ne me reſte autre
choſe à dire de luy, ſinon qu'il laiſſa un fils
nommé Jean de Piſe, qui ne contribua pas
moins que ſon pere à perfectionner l'Architecture & la Sculpture dont il fit auſſi profeſſion.

Je ne parleray de ce nouvel Architecte
qu'aprés avoir rapporté ce que l'on ſçait de
quelques autres qui l'ont précédé en divers
lieux.

Il y avoit à Florence, parmi les Religieux
de l'Ordre de Saint Dominique, deux Freres

Prés du lac de
Celano.
Vaſari, V. di
Nic. Piſano.
Paul. Aimyl.
l. 7.

E e iij

Convers fort intelligens dans l'art de baftir.
L'un fe nommoit FRA GIOVANNI FIO-
RENTINO, & l'autre FRA RISTORO
DA CAMPI. Ils firent les deffeins, & eurent
la conduite de leur églife conventuelle appellée Santa Maria Novella, dont le Cardinal
Latino des Urfins pofa la premiere pierre le
jour de Saint Luc en l'année 1278. & cét édifice, qui eft fort eftimé à Florence, ne fut
pas le feul ouvrage que ces deux Architectes entreprirent; car les Florentins les chargerent encore de rétablir deux ponts fur la
riviere d'Arne qui avoient efté ruinez par un
débordement d'eaux arrivé l'an 1264.

MARGARITONE, Architecte, Pein-
tre & Sculpteur, natif d'Arezzo, baftit vers
l'an 1270. le Palais des Gouverneurs de
la ville d'Ancone ; fit le deffein de l'églife
de Saint Ciriaque, qu'on conftruifit auffi
alors dans la mefme ville ; & enfin travailla à élever l'églife Cathédrale d'Arezzo,
fuivant les deffeins que Lapo en avoit don-
nez, & dont il n'éxécuta qu'une partie, à
caufe de la guerre qui furvint en 1289. entre ceux de Florence & ceux d'Arezzo, qui
confomma prefque tout un fonds de trente
mille écus, que le Pape Grégoire X. avoit

laiffé en mourant pour achever de baftir cette églife. Margaritone vécut jufques à l'âge de 77. ans : mais on ne fçait point en quelle année il déceda. Vafari remarque feulement qu'il quitta la vie fans aucune peine, à caufe de quelques traverfes qu'il avoit eûës, & qu'il voyoit diminuer fa réputation de jour à autre par l'accroiffement de celle que d'autres fçavans hommes commençoient à acquerir dans les mefmes arts dont il faifoit profeffion, & qu'il avoit cultivez d'une maniere, qui à la verité l'élevoit audeffus de la plufpart des anciens Architectes Italiens de fon temps, mais qui ne pouvoit pas luy conferver un rang fort confidérable parmi ceux qui le furvivoient.

ARNOLFO fils de l'Architecte Jacopo, ou Lapo, dont j'ay parlé il n'y a pas long-temps, naquit à Florence l'an 1232. ayant paffé fa plus grande jeuneffe à travailler fous fon pere. Il fit un tel progrés dans fa profeffion, qu'il devint le plus excellent Architecte & Sculpteur d'Italie : de forte que les Florentins n'eurent pas de peine à luy conferver l'eftime qu'ils avoient eûë pour Lapo, qu'Arnolfo ne furpaffoit pas moins par fes connoiffances que Lapo avoit fait les

ARNOLFO DI LAPO.
Vaf. V. d'Arnolfo Archit.

Architectes Italiens qui l'avoient précédé.

Je craindrois de devenir ennuyeux si je rapportois tous les ouvrages qu'on attribuë à Arnolfo. Voicy seulement ce que j'ay pû en apprendre de plus considérable. Les Florentins ayant résolu en l'année 1284. de travailler à la seûreté, à la commodité, & à l'embellissement de leur ville, ils choisirent cét Architecte pour donner les desseins, & prendre la conduite de tous les travaux nécessaires pour ce sujet. Il environna d'abord cette ville d'une nouvelle muraille, & la fortifia de tours ; fit le marché appellé *d'or S. Michele,* un autre qu'on nomme la Place *de' Priori ;* rebastit presque toute l'église de l'Abbaye, commença d'y élever une nouvelle tour par ordre du Cardinal Jean des Ursins ; fonda en l'année 1294. l'Eglise de Sainte Croix des Freres Mineurs, l'acheva en fort peu de temps ; & entreprit quantité d'autres ouvrages semblables, dont les Florentins furent si satisfaits, qu'ils luy donnerent le droit de Bourgeoisie dans leur ville. Aprés quoy Arnolfo fit le dessein & le modelle de l'église de Sainte Marie del Fiore, dont la premiere pierre fut posée avec beaucoup de cérémonie en l'année 1288.

le

le jour de la Nativité de la Vierge.

Cette église qui paſſe pour une des plus belles d'Italie, a environ ſoixante-cinq toiſes de longueur, & la croiſée a quarante-une toiſes ſur dix-huit toiſes de haut ; les bas coſtez ont onze toiſes d'exhauſſement. Tout cét édifice eſt baſti de pierre, & incruſté de marbre de diverſes couleurs en pluſieurs en-droits, ſur tout par dehors. Il y a deux por-tiques aux coſtez, dans la friſe de l'un deſ-quels on voit quelques feüilles de figuier qu'Arnolfo avoit pour armes. Il finit tout cét édifice, excepté la coupole, qu'il ne put achever. Il mourut en l'année 1300. fort regreté des Florentins, qui eſtoient ſi per-ſuadez de ſon mérite & de ſon ſçavoir, qu'ils croyoient ne pouvoir rencontrer un homme auſſi excellent dans ſa profeſſion.

Cependant quelque eſtime que les Ita-liens faſſent de cét Architecte, il faut avoüer qu'il y en avoit ailleurs d'auſſi ſçavans que luy. La France en poſſedoit pluſieurs du temps de Saint Loüis, comme je l'ay fait connoiſtre.

Il en parut encore quelques-uns aprés la mort de ce Prince. Entre autres ROBERT DE COUCY, & Jean Ravy. Le premier

F f

Epit. Chro-
nic. S. Nicaf.
Remenf.

acheva l'église de Saint Nicaife de Reims
que j'ay dit avoir esté commencée de rebaftir dés l'année 1229. par Hugues Libergier. Robert y fut employé vers l'an 1297.
& fit le chœur, la croifée & les Chapelles.
On eftime cette église à caufe de la délicateffe du travail & de la beauté des proportions : car elle n'eft pas fort grande, n'ayant
au plus dans œuvre que cinquante toifes de
long, vingt-cinq toifes de croifée, & quinze
toifes de haut. Le mefme Architecte travailla auffi à l'église Cathédrale de Reims, qui
ayant efté bruflée l'an 1210. fut rebaftie en
moins de trente années avec une magnificence dont il eft à propos de donner icy quelque marque. L'on conferva une partie des
fondemens de l'ancienne église, & l'on ne
changea aucune chofe aux grottes qu'on
voit deffous : mais on refit entierement tout

Hift. de Rh.
par Guill.
Marlot, l. 3.
c. 21.

ce qui paroift à préfent hors de terre. Les
Auteurs qui ont fait une defcription éxacte
de cette Bafilique, remarquent qu'elle a dans
œuvre au moins foixante-dix toifes de longueur, vingt-cinq toifes de croifée, & dix-
huit toifes de hauteur fous clef ; & que les
tours qui l'accompagnent font hautes de
quarante-deux toifes. Elle eft travaillée avec

beaucoup de délicateſſe, & ornée d'une quantité prodigieuſe de colonnes, de figures, &
d'autres ouvrages de Sculpture, particulierement dans la face exterieure de la principale entrée qui eſt toute remplie de ces ſortes
d'ornemens depuis le bas juſques en haut.

On ne peut pas dire quelle part Robert
de Coucy eut dans la conſtruction de cét
édifice : mais l'Epitaphe qu'on voit ſur ſa
tombe dans le cloiſtre de Saint Denis de
Reims, & qui ne contient que ce peu de
mots, *Cy giſt Robert de Coucy, Maiſtre de
Noſtre-Dame & de Saint Nicaiſe, qui tré-
paſſa l'an 1311.* fait aſſez connoiſtre qu'il en 1311.
eut la principale inſpection, du moins pendant qu'on l'acheva.

Pour JEAN RAVY, ſa mémoire ne s'eſt Jean Ravy.
conſervée que par l'Inſcription qu'on voit
dans l'égliſe de Noſtre-Dame de Paris, prés
d'une petite figure de pierre qui a eſté faite
pour le repreſenter. Voicy l'Inſcription entiere.

*C'eſt Maiſtre Jean Ravy, qui fut Maſ-
ſon de N. D. de Paris par l'eſpace de vingt-
ſix ans, & commença ces nouvelles hiſtoires.
Priez Dieu pour l'ame de luy. Et Me Jean
le Boutelier ſon neveu les a parfaits l'an 1351.*

Ces mots font connoiſtre que Jean Ravy travailla à l'égliſe de Paris en qualité d'Architecte : car le nom de Maçon, comme j'ay d ja remarqué ailleurs, ſe donnoit autrefois en France, à tous ceux qui faiſoient profeſſion de baſtir, meſme aux plus excellens dans cét art, du nombre deſquels on ne peut pas douter que Jean Ravy ne fuſt alors, puis qu'il travailloit meſme aſſez bien de Sculpture, comme il eſt aiſé de juger par ce qu'il a fait à la cloſture du chœur de Noſtre-Dame de Paris, qui eſt le ſeul qu'on connoiſſe de tous ſes ouvrages : car on ne peut rien dire de certain des divers morceaux d'Architecture, ou de Maçonnerie qu'il a faits dans cette égliſe pendant l'eſpace de 26. années qu'il paroiſt y avoir travaillé. Peut-eſtre y a-t-il fini quelque choſe que Jean de Chelles avoit laiſſé imparfait ; & peut-eſtre auſſi a-t-il fait quelques augmentations qui pouvoient eſtre fort conſidérables, puis que cét édifice avoit eſté commencé depuis plus de trois ſiecles, & qu'il eſt un des plus grands & des plus magnifiques de France.

La nef, la croiſée & le chœur ont chacun ſix toiſes de large dans œuvre, & dix-

sept toises de hauteur sous clef. Les doubles
ailles qui sont autour ont environ sept toises
de largeur, compris les piliers. Les Chapelles ont environ trois toises de profondeur ;
de sorte que toute l'église peut avoir dans
œuvre vingt-quatre toises de large, qui est
la longueur de la croisée, & soixante-cinq
toises de long, compris les doubles aisles &
les Chapelles qui environnent le chœur.

Ce qu'on estime de singulier dans cette
Eglise, est qu'au-dessus des doubles aisles
tant de la nef que de la croisée & du tour
du chœur, il y a des manieres de galeries
fort larges & fort hautes toutes construites
& voutées de pierres, de mesme que le reste
du bastiment. L'on estime aussi les deux gros-
ses tours quarrées, hautes de trente-quatre
toises qui sont aux costez de l'entrée principale : mais il y a encore une autre chose fort
considérable à remarquer dans cét édifice,
c'est qu'on l'a entierement fondé sur pilotis,
en quoy il a fallu faire une fort grande dépense.

Voilà ce que l'on avoit à dire des plus
anciens Architectes François. Quoy-qu'on
en ait davantage nommé qu'on ne s'attendoit, il faut avoüer néanmoins que c'est peu

en comparaison de ce qu'il paroiſt y en avoir
eû lors que l'on conſidere la quantité d'édifices qui ont eſté baſtis par tout le Royaume dans les derniers temps que j'ay rapportez, & dans le reſte du quatorziéme ſiecle,
dont il ne ſera pas inutile d'obſerver icy les
principaux ouvrages.

Hiſt. de l'Egli-
ſe de Saint
Oüen, par le
P. Pomme-
raye.

L'égliſe de Saint Oüen de Roüen aujour-
d'huy ſi célebre à cauſe de la délicateſſe
du travail qu'on y remarque, a eſté commencée à rebaſtir en l'année 1318. par un
Religieux & Abbé du lieu appellé Jean
Marc d'Argent. L'égliſe Cathédrale de
Bourges fut conſtruite en l'eſtat où on la
voit à préſent vers l'an 1324. ſous l'Epiſco-
pat de Guillaume de la Brouſſe, qui la rendit l'une des plus magnifiques de l'Europe.
Le Pape Benoiſt XII. fonda à Paris vers
l'année 1335. le College des Bernardins, &
fit baſtir une partie de l'égliſe du meſme
College.

Mais combien a-t-on fait d'édifices ſous
le regne du Charles V. & ſous Charles VI.
ſon ſucceſſeur? Le premier de ces Princes
fit baſtir à Paris la Baſtille, le Châſtelet, le
Petit-pont, le pont de Saint Michel, & les
murailles de la ville du coſté de la porte

de Saint Antoine, pendant qu'on travailloit aussi par ses ordres au Louvre, & aux
chasteaux de Saint Germain en Laye, de
Montargis, & de Creil.

Ce que l'on fit de plus singulier sous le
regne de Charles VI. en fait de bastimens, Froissart.
fut la flote qu'on équipa pour aller conque- L'an 1386.
rir l'Angleterre. Il n'en avoit point paru depuis long-temps de si formidable. Elle estoit
composée de douze cens quatre-vingts-sept
vaisseaux, sans comprendre soixante-douze
autres qu'on chargea d'une quantité prodigieuse de bois tous taillez & préparez pour
en bastir une ville dans le lieu où l'on es-
péroit aborder, & où l'on seroit bientost en
effet arrivé sans la maladie du Roy qui fit
perdre l'avantage qu'on eust pû tirer de ce
grand appareil.

Il est maintenant à propos de parler des
Architectes qui ont parû dans les lieux voisins de la France. Le premier qui se présen-
te selon l'ordre des temps est ERWIN DE ERVVIN DE
STEINBACH, Architecte de l'église Ca- STEINBACH.
thédrale de Strasbourg. J'ay remarqué dans
le livre précédent que Dagobert le Grand
Roy de France avoit fait achever la tour de
cette Eglise, que Clovis avoit commencé à

faire rebaftir : mais il faut ajoufter icy que
cét ouvrage n'eftant en partie que de bois,
fut ruiné par le feu du Ciel dés l'an 1007.
& qu'enfuite il fouffrit cinq autres incendies
dans les années 1130. 1140. 1150. 1176. &
1198. aprés lefquels Werner d'Habfpourg
quarante-quatriéme Evefque ayant deffein
de rendre cette mefme tour ou clocher encore plus confidérable qu'il n'avoit efté, ordonna qu'on le rebaftift dés les fondemens,
& y mit environ cent ouvriers qui en firent
une bonne partie en l'efpace de dix années.

Depuis l'an 1277. jufques en 1305. L'Architecte Erwin l'éleva auffi beaucoup
pendant vingt-huit ans qu'il travailla tant
à ce clocher qu'à la grande églife, qui a efté
entierement baftie fur fes deffeins.

L'on ne voit gueres d'édifices gothiques
plus grands ni mieux conftruits. L'Architecture y eft traitée à peu prés de la mefme
maniere que dans les églifes de Paris & de
Reims, du moins quant aux ornemens qui
font fort délicats & en tres-grand nombre.
La nef & le chœur ont environ fix-vingts
pieds de hauteur fous clef. Les bras de la
croifée & la partie qui termine l'églife ont
moins d'exhauffement.

Mais ce qu'on doit davantage confidérer
dans

dans cette églife eft la face de la principale
entrée. Elle a environ deux cens quarante
pieds de hauteur, & la tour dont j'ay parlé
d'abord, qui occupe une partie de cette face,
& qui en fait le principal ornement, a encore
au moins une fois autant d'exhauſſement
que le reſte : de forte qu'elle contient plus de
quatre cens quatre-vingts pieds depuis le rez
de chauſſée de la place juſques à fon fommet,
ce qui ne peut fans doute paſſer que pour
merveilleux, fur tout lors qu'on en connoiſt
la délicateſſe. Elle eſt quarrée dans toute la
hauteur de la face de l'églife, & percée à jour
de trois coſtez. Au deſſus de cela, elle devient
de figure octogone, eſt ouverte de toutes
parts, & accompagnée de quatre eſcaliers
hors œuvre fouſtenus par le bas fur la plate-
forme, & percez à jour juſqu'à l'endroit où la
meſme tour commence enfin à prendre une
figure conique, ou pyramidale, par le moyen
de fept différentes retraites, & d'une eſpece
de lanterne au deſſus de laquelle eſt le dernier amortiſſement.

On ne ſçauroit bien connoiſtre la beauté de cét ouvrage fans en voir au moins le
deſſein. Ce ne font de toutes parts que
colonnes, que figures, & autres femblables

Gg

ornemens, dont il y a aussi une quantité
extraordinaire dans tout le reste de la face
de l'église, où sont entre autres trois statuës equestres representans Clovis & Dagobert Rois de France, & l'Evesque Werner d'Haspourg. L'on voit aussi en quelque
endroit la figure de l'Architecte Erwin : mais
c'est au dedans de l'église proche l'un des
gros piliers de la croisée, & cette figure paroist comme appuyée sur la balustrade du cor-
ridor d'enhaut, & regarder le pilier opposé.

L'an 1305.
Jean Hilts.

Aprés la mort d'Erwin qui arriva l'an
1305. JEAN HILTS Architecte de Co-
logne prit incontinent sa place, & continua d'élever la tour de Strasbourg, qui cependant n'a esté achevée en l'estat que je
viens de la décrire qu'en l'année 1449. par
un Architecte de Suabe dont on ne sçait
point le nom.

Il seroit encore fort aisé de faire connoistre avec quel art & quelle magnificence on
bastissoit alors en divers autres lieux d'Allemagne & en Angleterre ; & l'on pourroit
mesme dire des choses tres - considérables
des bastimens que les Mores construisirent
tant en Espagne que sur les costes d'Afrique ; comme aussi des édifices qu'on fit à

Conſtantinople, ſoit pendant que les François furent maiſtres de cét Empire, ſoit lors
que les Grecs y eurent repris le Gouvernement : mais ne ſçachant ni les noms, ni aucune particularité des Architectes qui eſtoient employez en tous ces différens lieux,
il eſt plus à propos de reprendre la ſuite des
Architectes Italiens.

L'on a déja commencé à parler de JEAN
DE PISE fils de Nicolas. Il ne fut pas
moins excellent Architecte & Sculpteur que
ſon pere, & ſe mit de ſi bonne heure en réputation, que dés l'an 1267. on le fit venir
à Perouſe pour y faire les tombeaux des Papes Urbain IV. & Martin IV. Les Habitans
de la meſme ville le chargerent de faire un
grand baſſin de fontaine pour y recevoir de
l'eau qu'un Religieux Silveſtrin avoit conduite de deux milles loin par des canaux de
plomb. Jean de Piſe ayant achevé ce baſſin
s'en alla à Florence, où il ne demeura pas
long-temps, à cauſe de la mort de ſon pere
qui l'obligea à s'en retourner à Piſe. Il ne
fut pas plûtoſt en cette ville qu'on luy donna la conduite de divers baſtimens ; entre
autres de celuy appellé *Campo ſanto*, que les
Citoyens de Piſe firent élever proche le dô-

JEAN DE
PISE.

Gg ij

me, pour servir de sepulture publique. Cét édifice qui est fort grand, tout basti de pierre, revestu de marbre en différens endroits & couvert de plomb, fut achevé en l'année 1283.

Jean de Pise fit cette mesme année un voyage à Naples, où le Roy Charles d'Anjou l'engagea à bastir le Chasteau-neuf, & à refaire le convent & l'église des Cordeliers appellée *Santa Maria della nuova*, qu'on plaça dans un autre endroit que celuy où elle estoit auparavant. Aussitost qu'il eut construit ces édifices, les Siennois l'appellerent chez eux pour bastir la face de la principale entrée du dôme de Sienne, & ensuite il passa à Arezzo, où il entreprit encore plusieurs ouvrages d'Architecture & de Sculpture, principalement des palais, & une église appellée *Santa Maria de' Servi*, qui ne subsiste plus à présent. Il eut pour Eleves en cette ville quelques Allemans, dont on ne sçait point les noms; mais qui profiterent si bien des enseignemens de leur Maistre, que quelques-uns d'entre eux entreprirent peu d'années aprés des ouvrages tres-considérables pour le Pape Boniface VIII. qui entre autres choses fit faire à Rome le portique de Saint Jean de Latran, & la chapelle qui luy a servi de sepulture dans l'eglise de Saint Pierre, & bastit en Toscane la ville appellée *Civita Castellana*.

Je serois trop long si je rapportois tous les autres travaux que Jean de Pise entre-prit à Orviette, à Florence, à Pistoye, où il éleva un jubé de marbre dans l'eglise de Saint André, & bastit le campanile de l'é-glise Cathédrale, & à Pise, où il fit encore la grande tribune du dôme, qu'il finit l'an-née mesme qu'il mourut, quoy-qu'il fust alors parvenu dans une grande vieillesse, & qu'il eust travaillé pendant plus de soixante années. On l'enterra fort honorablement dans *Campo Santo*, auprés de son pere.

GIOTTO Florentin, dont le nom est devenu célebre par ses excellens ouvrages de Peinture, eut aussi, à ce qu'on prétend, la conduite de quelques édifices tres-consi-dérables ; entre autres de la tour, ou cam-panile de l'eglise de Sainte Marie del Fiore, à Florence. Il en fit luy-mesme les desseins & un modelle, suivant lequel ce campanile devoit avoir environ huit toises & demie en quarré par le bas sur cinquante-trois toi-ses & demie de hauteur, & se terminer par

Gg iij

L'an 1301.

L'an 1320.

Giotto.

Vasari V. di Giotto.

une maniere de pyramide à quatre coſtez.
La premiere pierre fut poſée l'an 1334. Comme Giotto eſtoit employé à diverſes autres
choſes, & qu'il mourut deux années aprés,
il ne put faire qu'une partie de l'ouvrage;
de ſorte que le reſte a eſté achevé par d'autres
Architectes qui ont toûjours ſuivi ſon modelle; mais qui ſe ſont contentez de l'élever
juſques à la hauteur de quarante-une toiſes,
& en maniere de tour quarrée, n'approuvant
pas la figure pyramidale que Giotto vouloit
mettre pardeſſus pour ſervir d'amortiſſement. Je ne m'étendray point davantage au
ſujet de Giotto, parce qu'il en eſt aſſez parlé
dans la vie des Peintres, parmi leſquels il faut
avoüer qu'il tient un rang beaucoup plus
conſidérable que parmi les Architectes.

L'an 1336.

LINO DE SIENNE Eleve de Jean de
Piſe, s'aquit quelque réputation. Il s'appliqua
également à l'Architecture & à la Sculpture: cependant on n'apprend rien de particulier de ſes ouvrages, ſinon qu'il fit la Chapelle où repoſe le corps de *San Ranieri* dans
le dôme de Piſe.

LINO DE SIENNE.
Vaſ. Vit. di Nice Giovani Piſani.

AUGUSTIN & ANGE DE SIENNE
ſont plus connus. Ils avoient pour anceſtres
pluſieurs Architectes dont on ignore les

AUGUSTIN & ANGE DE SIENNE.

noms, quoy-qu'il y en ait eû de fort employez
vers l'an 1190. Auguſtin, l'aiſné des deux
freres, ſe mit à l'âge de 15. ans ſous Jean de
Piſe, lors qu'on baſtiſſoit la principale façade du dôme de Sienne. Le progrés qu'il fit L'an 1284.
dans l'Architecture & la Sculpture fut ſi
grand, qu'il devint bientoſt le plus excellent
de tous les Eleves de ſon Maiſtre, & le ſou-
lagea en beaucoup de choſes dés l'année meſme qu'ils allerent enſemble à Arezzo, où
Jean de Piſe emmena auſſi Ange de Sienne,
qui travailla avec le meſme ſuccés qu'avoit
fait ſon frere : de ſorte que l'un & l'autre
luy furent aprés d'un fort grand ſecours dans
tous les ouvrages qu'il entreprit juſqu'à la
fin de ſa vie.

En l'année 1308. Auguſtin fit un deſſein
pour le palais des neufs Magiſtrats qui gouvernoient alors la ville de Sienne, & s'aquit
tant d'eſtime par cét ouvrage, que luy &
ſon frere furent choiſis en qualité d'Architectes pour prendre ſoin des édifices publics
de cette ville. Ils eurent par aprés l'un & L'an 1317.
l'autre la conduite de la face ſeptentrionale
du dôme, refirent deux des portes de la ville, & commencerent l'égliſe & le convent L'an 1321.
de Saint François. Enſuite ils allerent à Or- L'an 1326.

viette, à Arezzo, & a Boulogne, où on les
employa à divers ouvrages de Sculpture, & à
conduire quelques baftimens jufques en l'année 13 3 8. qu'ils retournerent à Sienne pour
faire le deffein d'une nouvelle églife de Sainte Marie proche l'ancien dôme fur la place
appellée *Manetti*. Ce furent eux auffi qui
firent une fontaine qu'on voyoit dans la grande place vis à vis le palais de la Seigneurie,
L'an 1343. & qui y conduifirent de l'eau par des canaux
de terre & de plomb ; & cét ouvrage ne les
empefcha pas d'en entreprendre encore di-
L'an 1344. vers autres : car dans le mefme temps ils travaillerent à la falle du Grand Confeil, dans le
palais public, & acheverent la tour qui eftoit
jointe au mefme palais. Auguftin fe chargea
mefme de finir luy feul tous ces différens travaux, afin que fon frere allaft à Affife prendre le foin d'une Chapelle & d'une Sepulture
de marbre qu'on leur ordonna de faire dans
l'églife baffe de Saint François. Mais à peine
fe furent-ils féparez de la forte, qu'Auguftin
mourut à Sienne, & fut enterré dans le dôme. Pour Ange, on n'a pû apprendre ce qu'il
devint depuis, ni en quel temps, ni en quel
lieu il a fini fa vie. L'on fçait feulement que
l'un & l'autre laifferent plufieurs Eleves,

tant

tant Architectes que Sculpteurs, dont je nommeray les plus célebres, aprés que j'auray parlé d'André de Pise, qui mourut vers le mesme temps qu'Augustin de Sienne, & de Taddeo Gaddi de Florence, qui décéda aussi peu d'années aprés eux.

ANDRÉ DE PISE s'appliqua dés sa jeu-nesse à l'Architecture & à la Sculpture : mais il faut avoüer qu'il excella beaucoup plus dans le dernier de ces arts que dans l'autre. Cependant on luy donna la conduite de plu-sieurs édifices tres-considérables en divers lieux, particulierement sur les terres du res-sort des Florentins, où il fit d'abord le dessein du chasteau de Scaperia, qu'il bastit dans Mugello au pied des Alpes. On luy attribuoit encore le dessein & le modelle d'une église de Saint Jean, commencée à Pistoye l'an 1337. Cét édifice estoit rond & paroissoit as-sez bien construit pour ces temps-là : mais ce qu'on estimoit le plus de tous ses ouvra-ges d'Architecture estoient ceux qu'il entre-treprit dans la ville mesme de Florence lors que Gaultier Duc d'Athenes y gouvernoit. Il fortifia le palais de ce Duc, & l'accrût de telle sorte, qu'on l'a divisé depuis en un grand nombre d'autres palais fort spacieux. Ce fut

H h

encore cét Architecte qui environna Florence de tours, & de portes magnifiques ; & à qui la Seigneurie accorda pour ce sujet le droit de Bourgeoisie, l'honorant mesme outre cela de Charges & de Magistratures tres-importantes. Enfin le Duc d'Athenes luy fit faire le modelle d'une citadelle qu'on estoit prest d'élever sur la coste de Saint George, quand les Florentins chasserent ce Duc hors de leurs Estats, & s'affranchirent du joug qu'il vouloit leur imposer par la construction de tant de forteresses qu'il faisoit au dedans & aux environs de leur ville capitale.

André de Pise n'eut point de part à la disgrace du Duc d'Athenes, comme il en avoit eû à sa bonne fortune, & passa le reste de sa vie à Florence avec les mesmes honneurs qu'auparavant. Il mourut l'an 1345. âgé de 75. années, & fut enterré dans l'église de Sainte Marie del Fiore. Son fils, appellé Nino, devint excellent Sculpteur, de mesme qu'un certain THOMAS DE PISE, que quelques-uns croyent avoir aussi esté fils d'André, & qui réussissoit assez bien dans l'Architecture, ayant achevé luy seul quelque ouvrage qui estoit resté à faire au campanile du dôme de Pise & à la Chapelle de

Campo Santo dans la mesme ville.

Pour TADDEO GADDI de Floren- TADDEO GADDI.
ce, il devint aussi sçavant Architecte qu'excellent Peintre, surpassant mesme Giotto,
de qui il estoit éleve, & André de Pise,
en concurrence duquel il entreprit plusieurs
édifices tres-remarquables. Giotto luy pro-
cura d'abord la conduite des ouvrages qu'on
fit de son temps aux loges *d'or San Michele,*
dont on rétablit les fondemens. On éleva
audessus des mesmes loges divers lieux voutez de pierres pour servir de greniers publics,
suivant les desseins qu'Arnolfo en avoit laissez. Les Florentins choisirent encore Taddeo pour faire les desseins, & avoir soin du
rétablissement de plusieurs ponts qui avoient
esté ruinez par une grande inondation arrivée l'an 1333. Le plus estimé de ces ponts
estoit celuy qu'on appelloit *Ponte Vecchio.*
Il avoit huit toises de largeur, sçavoir quatre toises pour le passage, & quatre autres
toises pour les boutiques qu'on y a basties
depuis jusqu'au nombre de vingt-deux de
chaque costé.

L'Architecte eut ordre de ne rien épar-
gner à cét ouvrage : aussi le fit-il tout de *L'an 1340.*
pierre de taille, avec autant de solidité que

Hh ij

de beauté; de forte que la dépenfe monta à foixante mille florins d'or. Il rétablit enfuite le chafteau de Saint Grégoire, que le mefme débordement d'eaux avoit ruiné; baftit une grande partie du campanile de Sainte Marie del Fiore fur le modelle que Giotto en avoit laiffé, & fit divers autres baftimens, tant pour la commodité que pour l'embelliffement de la ville jufqu'en l'année 1350. qu'il mourut à l'âge de cinquante ans, & fut enterré dans le premier Cloiftre de Sainte Croix, où l'on voit fon Epitaphe, qui contient ces deux vers,

Hoc uno dici poterat Florentia felix.
Vivente: at certa eft non potuiffe mori.

Dans la mefme année 1350. mourut un célebre Peintre Florentin, nommé STEPHANO, qu'on eftime avoir auffi efté un fort habile Architecte. Il étudia fous le Giotto, travailla avec luy à plufieurs ouvrages de Peinture & d'Architecture, & eut un fils appellé Tomaffo, & furnommé Giottino, à caufe qu'il imita parfaitement la maniere de peindre de Giotto.

De tous les Eleves d'Auguftin & d'Ange de Sienne, il n'y en a point eû de plus habile qu'un nommé JACOPO LANFRANI

de Venife, qui baftit l'églife de Saint François à Imola, qui fit deux tombeaux de marbre dans l'églife de Saint Dominique à Boulogne, & qui rebaftit à Venife l'églife de
Saint Antoine lors qu'André Dandolo eftoit
Doge.

JACOBELLO & PIERRE PAUL
Vénitiens ont efté auffi de la mefme école,
mais on ne fçait aucune chofe de leurs ouvrages, finon qu'ils firent un tombeau de
marbre à Boulogne vers l'an 1383.

Il y avoit encore de ce temps-là à Venife
un Architecte appellé PHILIPPUS CA-
LENDARIUS, qui baftit la place de Saint
Marc, dans le temps que le Doge Marino
Fallieri, fucceffeur de Dandolo, voulut ufur-
per la fouveraine autorité par une conjura-
tion qui fut découverte, & qui luy fit perdre la vie.

MOCCIO natif de Sienne travailla à divers ouvrages d'Architecture & de Sculpture en plufieurs villes de Tofcane, particulierement à Arezzo, à Florence, & à Ancone.
L'on voit à Arezzo un tombeau de marbre
qu'il fit fous les orgues de l'églife de Saint
Dominique, & une petite églife de Saint Auguftin qu'il rebaftit. Les Florentins employe-

Hh iiij

rent le mefme Moccio dans Sainte Marie
del Fiore, & outre cela l'engagerent à conftruire une églife & un convent de Saint Antoine, dont il ne refte maintenant aucun
veftige. Pour la ville d'Ancone, il y baftit
une affez belle loge de Marchands. Il fit le
tombeau de *Fra Zenone vigilanti* Evefque
& Général de l'Ordre de Saint Auguftin. Il
orna de Sculpture le portail de l'églife de
Saint François, où eftoit ce tombeau, &
embellit l'églife de Saint Auguftin dans la
mefme ville.

ANDRE'
ORGAGNA.

ANDRE' DI CIONE ORGAGNA
de Florence furpaffa tous les Architectes &
Sculpteurs Italiens de fon temps. Son premier
Maiftre fut André de Pife. Aprés avoir paffé
quelques années de fa plus grande jeuneffe
auprés de luy, il le quitta pour s'adonner à
la Peinture, où il fit un tel progrés qu'il a encore mérité un rang tres-confidérable parmi
ceux qui ont excellé dans cette profeffion. Je
ne m'arrefteray point à parler de tous fes différens ouvrages dont on a déja pû apprendre
diverfes chofes dans les Vies des Peintres;
& comme il ne s'agit icy que de ce qui regarde l'Achitecture, j'obferveray feulement
les principales marques qu'il a données de la

connoiſſance qu'il avoit de cét art.

Les Florentins ayant réſolu l'an 1355. d'accroiſtre la place de devant le palais, de l'orner d'une loge qui puſt ſervir de promenade couverte, & de baſtir un autre édifice pour la Monnoye, André Orgagna fit des deſſeins qui furent trouvez ſi beaux & ſi magnifiques, qu'on les préféra à ceux de pluſieurs autres Architectes, & qu'on luy donna la conduite générale de cette entrepriſe. Il baſtit la loge avec beaucoup de diligence & d'une maniére qui l'a toûjours fait eſtimer. Elle eſt toute de pierre de taille, ouverte des deux coſtez, & ſouſtenuë par des arcades en plein cintre, contre l'uſage de ces temps-là, où l'on n'employoit aucune autre ſorte d'arcs que ceux qui ſe faiſoient avec deux portions de cercles, & que les ouvriers appellent arcs-à-tiers-point.

Aprés qu'il eut fini cét ouvrage, il eut ordre de faire une eſpece de Tabernacle, ou Chapelle, pour mettre une Image de la Vierge qui eſtoit dans la place d'or San Michele proche l'un des piliers des loges. Quoy-que ce tabernacle fuſt petit & d'un gouſt aſſez gothique, on n'a pas laiſſé d'en faire beaucoup d'eſtat. Il eſtoit de marbre, & travaillé avec

un foin & une propreté extraordinaire. On
n'y employa ni mortier, ni maftic, mais on
mit des crampons de cuivre en dedans & des
plaques de plomb entre les affifes pour empefcher le marbre d'éclater par fa propre
pefanteur. Parmi les ornemens de Sculpture dont André Orgagna enrichit ce Tabernacle, il y avoit un bas‑relief de fa main,
repréfentant les douze Apoftres, entre lefquels il s'eftoit figuré luy‑mefme tel qu'il
paroiffoit alors, c'eft-à-dire fort âgé, avec la
barbe rafe, le vifage applati & rond, & la
tefte couverte d'un capuchon.

L'on tient que ce Tabernacle & la loge
coufterent enfemble quatre-vingts-feize mille florins d'or, & que ce furent les derniers
morceaux d'Architecture qu'Orgagna acheva. Il mourut l'an 1389. âgé de foixante
ans, fort regreté, tant à caufe des connoiffances qu'il avoit des plus beaux arts, &
mefme de la Poëfie, que pour fes vertus
& fon agréable converfation, qui le diftin-
guoit de tous ceux qui faifoient les mefmes
profeffions que luy. Il laiffa plufieurs éleves & un frere nommé JACOPO qui entendoit auffi affez bien l'Architecture & la
Sculpture, & qui fit à Florence la tour &

la

la porte de *San Pietro Gattolini.*

AGNOLO GADDI, Peintre Floren-
tin, & fils de Taddeo Gaddi, dont j'ay parlé
cy-devant, avoit beaucoup de talent pour
les mefmes arts. Il fit plufieurs deffeins d'é-
glifes, dont on fut fort fatisfait : mais il quitta entierement l'Architecture, & ceffa mefme de cultiver la Peinture, où il avoit commencé d'exceller.

JACOPO DI CASENTINO éleve de
Giotto, ne paroift pas s'eftre autant appliqué
à baftir qu'à peindre. C'eft pourquoy je me
contenteray de dire qu'aprés que les foixante
Magiftrats qui gouvernerent quelque temps
la ville d'Arezzo luy eurent fait réparer un
ancien aqueduc, il s'en retourna à Prato Vecchio fa patrie, où il mourut âgé de quatre-
vingts ans, & fut enterré dans l'églife de
Saint Ange, Abbaye de Camaldules.

Voilà ce qu'on a deû remarquer des Architectes qui ont paru jufques à la fin du
quatorziéme fiecle.

F I N.

TABLE.

I i ij

T A B L E.

TABLE.

TABLE.

F I N.

PRIVILEGE DU ROY.

LOUIS PAR LA GRACE DE DIEU ROY DE FRANCE ET DE NAVARRE: A nos amez & feaux Confeillers les Gens tenans nos Cours de Parlement, Maiftres des Requeftes ordinaires de noftre Hoftel, Baillifs, Senéchaux, Prevofts, ou leurs

Lieutenans, & autres nos Officiers & Justiciers, S A L U T. Nostre
cher & bien-amé J E A N F R A N Ç O I S F E L I B I E N sieur des Avaux,
Avocat en nostre grand Conseil Nous a fait remontrer qu'il auroit cy-devant fait un Livre intitulé, *Recueil Historique de la vie
& des ouvrages des plus célébres Architectes* qu'il donneroit volon-
tiers au public s'il Nous plaisoit de luy accorder nos Lettres sur ce
nécessaires. A C E S C A U S E S, Nous luy avons permis & permettons
par ces Présentes de faire imprimer, vendre & débiter ledit Livre en
tous les lieux de nostre obéïssance, par les Imprimeurs ou Libraires
qu'il voudra choisir, en un ou plusieurs volumes conjointement
ou séparément avec figures, en telles marges & caracteres, & autant de fois que bon luy semblera, durant l'espace de vingt années entieres & accomplies, à compter du jour que chaque volume sera achevé d'imprimer pour la premiere fois ; & faisons tres-
expresses défenses à toutes personnes, de quelque qualité & condition qu'elles soient, d'imprimer ou faire imprimer, vendre ou
distribuer durant ledit temps ledit Livre ou partie d'iceluy, ni graver, copier, ou faire graver & copier, ni vendre séparément ou
conjointement sous autres titres & déguisemens lesdites figures en
aucun lieu de nostre obeïssance, sous prétexte d'augmentation,
correction, changement de titre, fausses marques, ou autrement,
en quelque sorte & maniere que ce puisse estre, sans le consente-
ment de l'Exposant, ou de ceux qui auront droit de luy, à peine
de quinze cens livres d'amende, payable par chacun des contre-
venans, & applicable un tiers à Nous, un tiers à l'Hostel Dieu
de Paris, & l'autre tiers à l'Exposant, ou au Libraire qui aura
droit de luy, de confiscation des Exemplaires contrefaits, & de
tous dépens, dommages & intérests, à condition que l'impres-
sion en sera faite dans nostre Royaume, & non ailleurs, sur de
beau & bon papier, suivant les Réglemens faits pour l'Imprimerie
en 1 6 7 8. & 1 6 8 6. qu'il sera mis deux exemplaires de chacun desdits Livres en nostre Bibliotheque publique ; un en celle de nostre
Chasteau du Louvre, & un en celle de nostre tres-cher & feal le sieur
de Boucherat Chevalier, Chancelier, de France, avant que de l'ex-
poser en vente, à peine de nullité des Présentes. Nous vous mandons que vous fassiez joüir pleinement & paisiblement l'exposant,
& ceux qui auront droit de luy sans qu'il leur soit donné empes-
chement, & que ces Présentes soient registrées dans le Livre de
la Communauté des Marchands Libraires de nostre bonne Ville
de Paris, à peine de nullité. Voulons aussi qu'en mettant à la fin
ou au commencement desdits Livres un Extrait des Présentes,

elles foient tenuës pour deûëment fignifiées, & que foy y foit
ajouftée & aux copies collationnées par un de nos amez & feaux
Confeillers & Secretaires comme à l'Original. Mandons au premier de nos Huiffiers ou Sergens fur ce requis de faire pour l'éxécution des Préfentes tous Exploits néceffaires fans demander autre permiffion : CAR tel eft noftre plaifir. DONNE' à Verfailles le
quatorziéme jour de Mars, l'an de grace mil fix cens quatre-vingts-
fept, & de noftre Regne le quarante-quatriéme. Signé LOUIS.
Et plus bas, Par le Roy en fon Confeil, LENORMANT.

*Regiftré fur le Livre de la Communauté des Imprimeurs & Libraires
de Paris, le 19. Mars 1687.* Signé, J. B. COIGNARD, Sindic.

Et ledit fieur Felibien a cedé ce préfent Volume à la Veuve du
fieur Sebaftien Mabre-Cramoify, Imprimeur du Roy & Directeur
de fon Imprimerie Royale.